新潮新書

中島弘象
NAKASHIMA Kosho

フィリピンパブ嬢の社会学

704

新潮社

はじめに

ミカと知り合ったのは2011年、7月のこと。

ミカの本名はミッシェル。フィリピン人だ。名古屋市中区の夜の繁華街、栄4丁目のフィリピンパブでホステスとして働いていた。

僕はその頃、大学院の大学院生で、修士論文にフィリピンホステスのことを取り上げようと考えていた。大学院の女性指導教官は、国際政治学が専門で、ジェンダーや多文化共生の観点から、在日フィリピン人女性の生活についての研究、および支援を行っている。僕は教官に、名古屋にはフィリピンパブが集中していること、ホステスの多くが偽装結婚で来日していること、背景にはおそらく暴力団が絡んでいることなどを話したら、

「フィリピンパブについての学術調査は、これまで見たことがありません。面白い研究になるかもしれませんね」

ということでOKが出た。

それで実態調査のために訪れたパブで、テーブルについたホステスの一人が、たまたまミカだった。

ミカの出身はルソン島にある首都マニラから、高速バスで2時間ほど北に行ったところにある町だ。父親はそこで洗車屋を経営している。

ミカが日本に来たのは2010年11月。一足先に日本のフィリピンパブに出稼ぎに来た姉から誘われてのことだった。そのとき姉から「ホステスになるためには、日本人と結婚した形にしてビザを取らなければいけないのよ」といわれた。偽装結婚だ。

姉はこれまで、家族にきちんと送金してくれた。そのお金でミカは高校、大学と進学できた。その姉に少しでも恩返しがしたい。偽装結婚がひっかかったけれど、そう思って日本に行くことを決めたという。

2010年4月、ミカはマニラに住む日本人の偽装結婚斡旋業者の仲介で、日本人男性と結婚した。業者から「結婚相手と一緒に住む必要はない」といわれていたそうだ。

11月になって、「日本人の配偶者」としてのビザが下りた。手配された片道航空券を持ち、一人、中部国際空港行きの飛行機に乗った。飛行機に乗るのは初めて、ルソン島から出たのも初めてだった。中部国際空港には男性が迎えに来ており、そのまま、名古屋市の繁華街、栄4丁目のフィリピンパブに連れて行かれた。ホステスの契約は3年だった。

ミカは150センチと小柄で25歳。僕より3つ年上だったことを隠しもせずに教えた。明るくて、やさしい。商売抜きで親切にしてくれるように思えた。店の客としては、僕が若い方だったからかもしれない。「今夜のチャージは千円だけでいいよ」と耳元でささやいてくれたこともある。

何回か通ううち、僕はミカと付き合うことになった。

指導教官にそのことを告げたら、顔色が変わった。

「そんな危ないこと、すぐやめなさい！　そんなことを研究対象にはできません。その女性とは早く別れなさい。あなたのお母さんに顔向けできません！」

それでも付き合い続けた。

フィリピンパブ嬢の社会学　目次

第一章　フィリピンパブって何ですか

名古屋にはフィリピンパブが多い。それも中区の栄4丁目の繁華街に集中している。いったい何軒あるのか、名古屋市役所で調べてみたが、分からなかった。業種に「フィリピンパブ」という分類はない。「飲食店」というくくりの中に埋もれてしまうからだ。電話帳にも「フィリピンパブ」という項目はなく、自前のホームページを持っている店もほとんどない。

しかし警察だったら把握しているのではないか。そう思って名古屋市の中警察署に電話した。無愛想な男性が電話口に出た。

「質問にいま答えることはできないので、後日、連絡します」

後日？　本当に？　信じられなかったが仕方がない。こちらの携帯の番号を伝えて電話を切った。

2日後、中警察署からちゃんと電話があった。電話口の相手は口調の穏やかな男性で、栄地区の担当者だという。大学院の研究でフィリピンパブのことを調べているのだと伝えた。

「こちらとしては、警察白書に書いてあること以上はいえないんだわ。それでもいいなら、まあ、一度、署まで来たら？　来てくれれば話できるよ」

2日後の午後の約束を取り付けた。

当日、中警察署のロビーで待っていると、白シャツ、白髪頭で細身、50歳ぐらいの男性が現れた。名刺には「愛知県中警察署　栄地区対策隊　隊長　警視」とある。警視？警視といえば署長クラスだ。

「警視さんがわざわざ時間つくってくれたんですか」というと、にっこり笑った。

「フィリピンパブのこと調べている学生さんが来るって聞いたもんでね。面白いから、僕もなんか役に立てないかって思ったんだわ」

警視は、偽装結婚のことや、フィリピンパブと暴力団の繋がりについて、警察白書や新聞のコピーにマーカーをひいて説明してくれた。

しかし、フィリピンパブの数となると首をひねった。

「数、ねえ。フィリピンパブって何なのか、その定義がないんだわ。店に何人のフィリピン人ホステスがいればフィリピンパブなのかとか、法律で決まってるわけじゃないからなあ。警察も全部の店を回って確認しているわけじゃないし……」

たしかに、それはそうだ。日本人ホステス3人にフィリピン人が1人なら、それはフィリピンパブとは呼ばないだろう。じゃ日本人1人にフィリピン人2人ならどうなのか。日本人3人にフィリピン人4人ならどうか……定義がないのだから数えようがない。

結局、「これは間違いなくフィリピンパブだ」と確信できる店を、その時々で、自分で歩いて数えるしかない。

栄4丁目で、ネオンの看板を数えながら歩いていた時、客引きのフィリピン人青年が「フィリピンパブどうですかあ」と声をかけてきた。そうか、この客引きなら分かるかもしれない。彼に「フィリピンパブって、いったい何軒あるの」と聞いた。しかし「たくさんあるから分からないね」だった。

「ここにはフィリピンだけじゃなくて日本人のスナックもあるし、他の外国人パブもあるし、ゲイバーも多いよ」

ネオンが光る看板の数を数えながら歩く。名前を見ただけでは、どれがフィリピンパブなのか見当がつかない。とりあえず、フィリピンの地名「スービック」とか、花の名前「サンパギータ」など、いかにもフィリピンパブらしい店名と、そしてフィリピン人女性が出入りをしている店を数えることにした。

栄4丁目を貫いている、通称「女子大小路」という通りがある。長さ約300メートル、幅は車2台通るのがやっとの道路だ。60年代までこの通りに女子短大があった。それでこう呼ばれているそうだ。その通りを中心に、左右に何本もの小路が延びる。どの小路にも雑居ビルが並んでおり、入り口には居酒屋、スナック、パブなどの看板がところ狭しと立っている。その女子大小路を中心に栄4丁目には、フィリピンパブと思われる店の数は79軒あった（2015年2月現在）。だが、フィリピン人ホステスが多くいる店をフィリピンパブとするのなら、実際には100軒近くはあるだろう。

フィリピンに行く

この調査の6年前、大学3年生になった2009年の春、国際政治学のゼミに入ったのがきっかけだった。テーマは「在日フィリピン女性の生活」。フィリピンに関心があったからそのゼミを選んだわけではない。そのゼミに友だちが何人か入ったから一緒に入っただけだった。

ゼミでは、春日井市に住む在日10年以上のフィリピン女性たちから聞き取り調査をした。全員が日本で結婚している子持ちの人たちで、いわば「フィリピンおばさん」たちだ。指導教官が以前から通って顔なじみになっている地区で、おばさんたちは気軽に調査に応じてくれた。

その年の8月、ゼミ生の希望者がフィリピンへスタディツアーに行くことになった。夏休みの2週間。場所はラグナ州サンパブロという町。マニラから南に約90キロ離れたところだ。特に予定もなかったので参加することにした。参加費約13万円は、母に頼み込んで出してもらった。

マニラの空港からバスでサンパブロに向かう。道中は渋滞がひどかった。車はどれもかなりくたびれていて、排気ガスを吹き上げながらクラクションを鳴らしまくる。車線など関係ない。みんなわれ先で、少しでも隙間があると鼻先を突っ込む。その間を、ボロボロのTシャツを着た男たちがミネラルウォーターやおもちゃなどを両手いっぱいに持ち、売り歩く。子どもたちは裸足だ。服はもちろんボロボロ。空気は臭い。排気ガスと人の汗が混じったにおいだ。

道路はあちこちに穴が開いている。バスは激しく揺れ、車酔いしそうだ。空港から90キロの宿泊施設に着くまでに5、6時間はかかっただろう。サンパブロはかなりの田舎で、幹線道路を外れると舗装がなく、木や草が青々と生い茂り、まるでジャングルだ。

宿泊施設はこぎれいなコテージだった。しかしバスルームはシャワーだけで、お湯は出ない。水も水圧が弱くてちょろちょろとしか出なかった。部屋の中には大きなゴキブリが出る。

食事も合わなかった。コメのご飯は出るのだが、日本のコメと違ってパラパラだ。肉料理は油っこく、生野菜などない。何でも油だらけでぎとぎとしていて、見るだけで油酔いしそうだ。他の参加者たちもげんなりした様子だった。

街に出ると、男たちが昼間から酒を飲み、トランプで賭け事をしている。

そのころ、僕は英語がまったくダメだった。ところが出会ったフィリピン人は明るくて人懐こく、向こうから話しかけてくる。僕も捕まってしまった。電子辞書を片手に下手な英語でおそるおそる話すと「お前、英語話せるじゃないか！」ほめられるとつい嬉しくなって、自分から話すようになった。今それなりに英会話ができるようになったのは彼らのおかげだ。

平日はコテージで宿泊し、週末はホームステイになった。ホームステイ先は父親がカナダに出稼ぎに出ている家庭で、カイル君という1歳年上の看護師がいた。僕は電子辞書を引きながらカイル君に質問をぶつけた。フィリピン人はなんで昼から仕事もせずに酒を飲んでいて平気なのか。頑張って金を稼ごうと思わないのはなぜなのか。

カイル君はにこにこしながら「これはフィリピンスタイルなんだ」といった。

「フィリピンには仕事がないんだ。だから人はみんな貧しいし、生活も苦しい。ただ、心だけはいつも幸せなんだ。何をしても笑っていれば幸せだろ」

フィリピンスタイル。

このカイル君のことばは、その後の僕の生活に大きな影響を与えることになる。

カイル君と話してから、自分の意識は変わった。それまで貧しいフィリピンに文句ばかりいい、働かないフィリピン人を見下していたが、「なぜなのか」を彼らから学ぼうと思うようになった。

それからのフィリピン滞在中は、積極的に人々に話しかけた。公立学校やゴミ山のスモーキーマウンテンを訪問した時も、僕が覚えたてのタガログ語を話すと、子ども達は大笑いして周りにやってきた。

スモーキーマウンテンの子どもたちは、年齢を聞くと7歳とか10歳とか答えた。そんな子どもたちを抱きあげると、驚くほど軽かった。日本人の子どもなら4歳ぐらいの重さではないだろうか。周りの人々に話を聞くと、食事は1日1回だけだといった。

2週間がたって帰国の日が迫ってくると、僕は日本に帰りたくなくなった。最後の晩は、親友になったカイル君とフィリピンビールの「レッドホース」を飲みながら、つい泣いてしまった。この旅行が僕の運命を決めた。フィリピン人の優しさ、そして貧困の中で必死に生きる姿。

心の中にフィリピンが住みついた。

フィリピンおばさんたち

帰国してから、ゼミで知り合った「フィリピンおばさん」たちに頻繁に会うようになった。

彼女たちはカトリックのクリスチャンで、日曜日には必ず教会にいく。そこで、僕は教会で彼女たちに会うようにした。ミサが終わった後のお茶会や、その後で話を聞く。自宅に招かれ、食事をご馳走になることも多かった。出てくるのは油っこいフィリピン料理。しかしこの頃には、すっかりその味になれていた。

おばさんたちも、いつも教会で会う僕に関心を持ち、家に呼んでいろいろな話をしてくれるようになった。

家に呼んでくれるような人たちはだいたい家庭がうまくいっている。旦那さんや子どもの自慢話が多い。だが中には、日本人の夫の家庭内暴力、離婚した後の子どもの教育、未婚で生まれてしまった子どものことなど、悩みを抱える女性もいた。涙を浮かべて話す彼女たちに、僕はどう返事していいかわからなかった。

２００９年10月、ゼミの企画に愛知県の助成金が付いた。春日井市で「フィリピン女性の子育て支援講座」を開くという企画だった。日本人と結婚して春日井市に住み、子どもがいるフィリピン女性を集め、法律相談や医療相談、子どもの学校のことなど、ともに考えていくという内容だ。この講座には多い時で40人ものフィリピン女性の参加があり、翌年4月には中日新聞にも取り上げられた。僕たち学生も、しだいにおばさんたちから信頼されていく。市役所から届く書類や、子どもが持って帰ってくる小学校の手紙の日本語を読んでほしいとよく頼まれるようになった。

２００９年11月、おばさんの1人から「フィリピンが好きなら、私たちと一緒に行く?」と誘われた。4人のおばさんが里帰りするというのだ。もちろん! 僕は喜んで答えた。

指導教官に、そういうわけで大学を休ませてほしいと申し出た。教官は二つ返事でOKだった。

「そのかわり、その4人のおばさんに現地でインタビューをしなさい。それを宿題で提出すること」

フィリピンで家に泊めてもらったおばさんの名前はマリアさんといった。家はマニラにあり、コンクリートがむき出しの2階建てのボロボロの建物だった。壁には、防犯用にガラスの破片が植え込んである。

部屋は1階に2部屋、2階に1部屋。僕は2階の部屋を使わせてもらった。部屋はコンクリート打ち放しだった。内装をやる金がないそうだ。トイレは水が流れず、バケツに水を汲んで流す。使用後のトイレットペーパーはゴミ箱に捨てる。これに慣れるまでしばらく時間がかかった。

家にはマリアさんの弟と、弟の奥さん、3人の子どもたちが住んでいた。弟は近くの工場で働いている。給料はいくらか教えてくれなかったが、生活の様子から、大した額ないことはすぐにわかる。それでも家族は笑顔だった。フィリピンの滞在予定は2週間で、うち1週間は、ゼミ旅行で親しくなったカイル君の家に泊まることにした。

フィリピンに着いた翌日、マリアさんにインタビューした。日本に行った経緯を聞くためだ。すると、「私はホステスとして日本に行ったの」といった。

食後のコーヒーを飲みながらマリアさんは色々と話してくれる。日本に行ったのは1989年。僕が生まれた年だ。ビザはタレント名目の興行ビザ。だが実際はホステスだ。初めて働いたのは長野だった。それから名古屋、春日井などを転々とした。

1992年に、客の日本人男性と結婚した。翌年に男の子が生まれたが、夫の浮気が原因で離婚。その後、フィリピンに帰り、数年後に日本に戻る。息子が日本国籍だったため、家族ビザが簡単に取れた。戻った場所は春日井のフィリピンパブ。そこで客としてきていた同い年の日本人男性と2004年に2度目の結婚をし、その後、女の子を生んだ。

これがマリアさんのストーリーだ。僕が驚いたのは、「日本に来るのはすごく難しかった」という話だった。

当時、たくさんのフィリピン人女性がホステスとして日本にきていることは知っていた。そのため、ホステスとして日本に来るのは簡単なのだろうと思い込んでいたのだ。

「すごく大変だったよ。興行ビザを取るにはフィリピンで資格を取らないといけない。その資格を取るためにダンスの試験があるでしょ。私の時は100人ぐらい受けて、受かったのは私を入れて5人。それからオーディションで日本から来たプロモーターに選んでもらえないと日本に行けない。オーディションは300人ぐらい受ける。選ばれる子は10人ぐらいだった。そこではダンスの上手さは関係ない。可愛いか可愛くないかだけ。昔は私もボン・キュ・ボンで美人だったからすぐに受かった。ワハハハハハ」

笑っている今のマリアさんはでっぷり太ったおばさんで、失礼ながらボン・ボン・ボンだったのだけれど。

日本各地のナイト・クラブやキャバレーなどで演奏するために、いわゆるフィリピンバンドと呼ばれる楽団が、フィリピンから日本へ来るようになったのは、1960年代あたりからと言われている。彼らは英語の歌を歌い、ドラムやギターで生演奏した。当初は男性が多く、女性はコーラスメンバーや、ダンサーとして働いていたのが、いつしか「ホステス」として使われ出し、次第にそちらがメインの「出稼ぎ」となっていった。だが、最初が「興行」だったから、ながらくフィリピン人の出稼ぎには「興行ビザ」が使われ、「タレント」として来日してきたのだ。

２００５年までは興行ビザの発給要件に「外国の国若しくは地方公共団体又はこれらに準ずる公私の機関が認定した資格を有すること」という規定があった。そのため、マリアさんたち興行ビザで日本に来ていたフィリピン人ホステスはみな、ダンスや歌手といった試験に合格し、フィリピン政府から「芸能人」と認定してもらわなければ日本に来られなかったのだ。

フィリピンホステスは歌やダンスがうまいといわれるのはこのためだ。日本に当時、興行ビザで来ていたフィリピン人たちは皆、資格を取るために猛練習をしていたのだ。

だが、必死にダンスの練習をしても、オーディションで選ばれるかどうかは別問題だ。最後は容姿で決まったとマリアさんはいう。そもそも興行ビザで接客業を行うことは資格外活動で、黙認されていただけなのだ。

マリアさんのインタビューを終えたあと、他の３人にも１日１人ずつインタビューをした。４人のうち２人が元フィリピンパブホステス。２人は日本人男性との見合い結婚によるフィリピン花嫁だった。

マリアさんの家には台所がなかった。庭のかまどで火をおこし、その上に黒いフライパンをかける。帰国前日の朝、僕はフライパンの前に座り、目玉焼きとソーセージが焼かれているのを見ながら、カイル君と過ごした様子をマリアさんに話していた。

あんた本当にフィリピン好きだね、とマリアさんは喜んだ。

「フィリピン人と結婚したら？　でも、フィリピンパブの女の子はだめだよ。今は興行ビザがなくなったでしょ。だから今フィリピンパブにいる若い子はふつうの子じゃない。絶対に後ろにヤクザがいる。そうやって日本に来る子は悪い女ばかりだからね。お金ばっかり。だからフィリピンパブの女の子だけはだめ」

興行ビザは2005年に規制され、今では興行ビザで出稼ぎに来るフィリピン人はほとんどいない。そのため、パブで働いている若いホステスは、裏の組織の手配で日本にやってきている。マリアさんはそう見ていた。フィリピン人であるマリアさんが、フィリピンパブの女の子はだめというのだから、間違いないだろう。

「わかったよ。もしフィリピンパブの女の子のことが好きになったら相談するね」

僕は冗談めかして答え、マリアさんはまた大笑いした。

興行ビザ

卒業論文のテーマは「日本におけるフィリピン女性の子育て」だった。日本人との間に生まれた子を持つフィリピン人の母親が、日本で子育てをする際にどんな困難があるかを調べた。インタビューで出てきた問題は、病院や小学校、役所の書類を読んで理解することができないことだった。そのため子どもの学校生活や予防接種、行政の生活の支援が受けられない。

一方、日本人男性と離婚し、経済的に困窮している女性がいる。結婚生活が続いていても、夫側の家族から絶縁され、日本での子育てに誰からもアドバイスを受けることができていない例も多い。フィリピン女性の多くは、日本社会から締め出されてしまっていた。

春日井市に住むフィリピン人女性の多くは、1990年代から2000年代前半までに興行ビザで来日した。現在は平均して40代、最年長で40代後半といったところだ。

論文の結論は、外国人に対する行政の子育て支援が足りていないという、ごくありきたりなものになってしまった。それでも指導教官は、僕がフィリピンおばさんたちと親しく付き合っているのを評価し「その熱意と、彼女たちと信頼関係を作る能力は認める」と褒めてくれた。いま思うと、それ以外に褒められる部分がなかったのだろう。

その際に読んだ、フィリピン女性の日本への出稼ぎについて書かれた『フィリピン女性エンターティナーの世界』（マリア・ロザリオ・ピケロ・バレスカス著／１９９４年／明石書店）という本の中に、フィリピン人女性が興行ビザで日本にくる過程の描写があった。

２０１１年4月、僕は大学院に進学した。友人たちからは「新卒で就職を決めなかったらいい企業に行けないぞ」と忠告を受けたのだが。大学院に進んでから、集中的にフィリピンのことを調べるようになった。大学の図書館で、フィリピン女性の出稼ぎに関する本を片っぱしから読んだ。

90年に出版されたルポ『ラパーン事件の告発』（あるすの会編／１９９０年／柘植書房）には、フィリピン人女性が売春を強要されている現実が描かれていた。89年発行の『フィリピン出稼ぎ労働者』（石山永一郎著／１９８９年／柘植書房）という本には、栄4丁目でホステスとして働くフィリピン人女性の話が書かれていた。

１９８０年代、多くのフィリピン女性が日本に来るようになった。「興行ビザ」で、ダンサーや歌手として来たはずの彼女たちは、実際はフィリピンパブでホステスとして働かせられた。毎年何万人というフィリピン人が興行ビザで来日した。政府の「出入国管理統計」によると、2004年には最高の8万2741人ものフィリピン人が興行ビザで日本にやってきた。

米国務省は2004年、こうした動きに警告を発する。「世界の人身取引に関する年次報告書」で、興行ビザが人身売買の温床になっていると指摘した。あわてた日本政府は2005年3月、興行ビザの発給要件の中の「外国の国若しくは地方公共団体又はこれらに準ずる公私の機関が認定した資格を有すること」という規定を削除した。これで興行ビザでのフィリピンからの出稼ぎは、ハードルが高くなった。では、今の若いホステスはどんなビザで来ているのか。

一番いい方法は、彼女たちから話をきくことだ。

ミカと出会う

大学院進学が決まった2011年2月、フィリピンパブによく行っている友人に頼み、栄4丁目に連れて行ってもらった。友人は会社の先輩に連れて行かれて、以後、はまっているのだという。寒い日だった。

雑居ビルの地下1階のパブだった。友人が扉を開けると、ホステスたちが一斉に立ち上がってお辞儀をした。

「ラッシャイマセー！」

それまで、日本人女性がいるパブにさえも入ったことがなかった。要するに、パブ初体験がフィリピンパブだったのだ。こういう場所は淫靡で怪しくて、売春なども平気で行われている、と思いこんでいた。悪いイメージを勝手に描いてかなり構えていた。ところが実際には、そんなことを感じさせないぐらい彼女たちは明るくて陽気だった。

友人と僕の横に、それぞれ一人ずつのホステスがつく。僕についたホステスは20歳だといった。目が大きく、肌が浅黒く、典型的なフィリピン顔だ。日本に来てまだ3ヵ月とかで、言葉がたどたどしい。僕がタガログ語で話しかけると、びっくりした様子だ。

時間を見計らって質問してみた。

「ねえ、君はどんなビザで日本に来ているの？」

とたんに彼女は警戒した顔になった。

「……タレントビザよ」

タレントビザというのは興行ビザのことだ。法律が変わった今現在、簡単には取れない。しかし、初対面のホステスにそれ以上は聞けなかった。

それから栄4丁目通いが始まった。

朝から夕方まで大学院の授業。夜はスーパーのアルバイト。夜中になると栄4丁目。

問題は資金だった。栄4丁目のパブではセット制になっている。ホステスを指名し、安いドリンクを1杯頼んで、1セット6千円だ。バイトで月に3万円程度しか稼げない僕にとって、週1回でもきつい。するとパブ通いの先輩である友人が教えてくれた。

「同じ店に何回も通っちゃだめだ。客引きを介して入れ」

客引きはたいてい、フィリピン人の男性だ。客引きを通じて入店すると、1セット3千円（「サービス料」という名目で10％とる）で入ることができる。それに彼らは親切で「若いホステスと話したい」といえばそういう店を紹介してくれるという。

僕のパブ通いは友人仲間で有名になった。そのうち、フィリピンパブ好きな先輩が誘ってくれるようになった。タガログ語を話すとホステスたちが寄ってくる。そうすると席がにぎわう。

「お前と行くと面白いんだよ。一緒に行こうぜ」

もちろん、先輩が払ってくれる。

大学が夏休みに入った7月末の暑い夜、栄4丁目に行った。客引きに「若いホステスのいる店」と注文したら、連れていかれたのは雑居ビル3階の「E」という店だった。20畳ほどあるだろうか。真っ白な壁、白い床、黒いレザーのソファー。そこにピンクの照明が当たる。天井からはカラオケの歌詞用の液晶モニターが下がっている。20人ぐらいいるホステスは若い女性が多く、平日だというのに客の入りがいい。

「初めまして、ミカです」

若いホステスが横に来て座った。白い肌、細い目、小さな鼻。まるで日本人の顔だ。おまけに美人。思わず「あれ、日本人？」と尋ねてしまった。「いいえ、違いますよ、フィリピン人です」と笑って答える。

「あなた若いですね。何歳ですか」と彼女が尋ねてきた。

「22歳」

「本当に？　若いお客さん珍しいね。私は25歳。私の方がお姉さんだね」

若いホステスを確保できなくなった今のフィリピンパブで、僕より年下のホステスに出会う方が珍しい。

「日本に来てどのくらい？」

「去年の11月です。今は8ヵ月ね。まだ日本語よくわからないです」

そう、こういう「若くて来たばかりのホステス」から話を聞きたかったのだ。彼女が尋ねてきた。

「仕事は何していますか」

僕はタガログ語で答えた。

「大学院生だよ。フィリピンのことを調べている」

彼女は眼を丸くした。

初めてフィリピンに行った大学3年生のとき、英語がまったくダメだった。友人から「だったらタガログ語をやれば?」とからかわれた。それからタガログ語を始めて、いまではいくらか話せるほどになっている。彼女は僕に興味を持ったようだった。

「私はパンパンガから来ました。行ったことある?」

パンパンガはルソン島中部の州だ。かつては米軍のクラーク空軍基地があった。大学時代、そこまで行ったことがある。そういうとミカは目を輝かせた。

「私の家から近いよ!」

共通の話題ができてさらに盛り上がる。フィリピン人アーティストや映画の話にもなった。しかし、そんな話ばかりじゃ目的を果たせない。頃合いを見計らって尋ねた。

「ところでさあ、君のビザはどういうビザ？」

とたんにミカの顔から笑いが消えた。しばらく黙ってから答えた。

「私のお姉さんね、日本にいます。だからビザありますね」

「そのビザって、どういうビザ？」

「……うーんと、ファミリービザです」

ウソだ。でも、これ以上聞いても同じことだろう。

ワンセットの時間が来た。もう少し話していたかったが、お金が足りない。ミカが立ち上がりかける。とっさに呼び止めた。

「ねえ、連絡先教えて」

テーブルの上にあった紙に、お互いのメールアドレスを書いて交換した。

店を出て帰る途中、スマホが鳴った。画面を見ると、ミカからのメールだった。タガログ語で「気を付けてね」とある。僕もタガログ語で「ありがとう」と返信した。

ミカからの営業メール

それから、2日にいっぺんのペースでミカからメールがくるようになった。といっても「元気ですか。時間あるとき、お店よろしくお願いします」とローマ字でつづった営業メールだ。「元気です。仕事がんばって！」などと適当に返事する。

指名したらワンセット6千円近くかかる。とてもそんな経済状態ではない。もうミカとは会うこともないだろうと思った。そんなある日、ミカからメールが入った。

「今日会えないですか。私、お客さんなくて困ってます」

以前はこういうとき、「ごめんね、今お金ないから、また今度ね」と返信してお終いにする。しかしこのとき、たまには指名してみようかと思った。

「ワンセットだけでもいい？」と返事した。ミカからすぐ「はい大丈夫。よろしくお願いします」と返信が来た。

「ドリンクは頼めないけど、いい？」と送る。「大丈夫、問題ないです」と返ってくる。返事が来るのが早い。

営業メールに引っかかってしまったなあ、と苦笑しながら、着替えて夜の街に出かけた。エレベーターで雑居ビルの3階に上がり、店に入る。店長に「ミカちゃんを指名で」と告げる。ミカはすぐやってきた。

「忙しいのにごめんね。仕事忙しかった？」ミカの笑顔に、僕も自然と笑顔になってしまった。

「お客さん少ないの？」

「はい、私はお客さん少ないです。パブの仕事、日本に来て初めてやった。だから難しい」

ミカは、日本で初めて水商売の世界に入ったのだという。

ミカが僕のスマホを取り、Facebook の自分のページを呼び出した。「ほら」と見せてくれたページには、彼女の家族が写っていた。

「これがお父さん、これお母さん。この美人はお姉さん。これはお姉さんの子ども。日本語で、ええと、うん、オイ」

ミカの顔が近付き、髪からいい匂いがしてくる。

「ねえ、あなたまだ学生でしょ？　将来はどうするの？」

「フィリピンのことを調べたくて大学院に入ったんだ。だから将来はフィリピンに行けるような仕事をしたい」

ミカはびっくりした顔で笑い出した。

「フィリピンは給料安い。だから私、日本来たかった。それなのにあなたフィリピン行きたいの？　おかしいね」

ミカに、将来何をしたいのか尋ねた。

「私は契約が終わるまでに日本語覚えて、帰って日本語の先生になりたい。ねえ、できるかな」

楽しい時間はすぐ過ぎる。店長が伝票を持ってきて「時間になりました」といった。セット料3千円、指名料千円、10％のサービス料を入れて4400円。月3万円しか稼げない大学院生にとって、はっと正気に返る金額だった。

店を出ると、ミカがエレベーターまで送ってきた。エレベーターが来ると、ミカがそばに来て肩に手を置いた。ハグしてくれるのかと思ったら、いきなり僕の唇にキスした。軽く。「ありがと。またね」

エレベーターが閉まる。服にミカの香水の香りが残った。

僕は頭を振った。全部営業だ。貧乏学生が指名を繰り返せるわけがない。相手は出稼ぎで来ているフィリピン人ホステス。金を持っていない僕など相手にされるわけがない。真剣な恋愛とは違う世界だ――そう、自分に言い聞かせた。

第二章　ねえ、私と付き合ってくれる？

「千円だけでいい」

ミカを指名してから、毎日のようにメールのやりとりをするようになった。メールの内容も、以前の営業メールから変わっていった。ミカのフィリピンでの暮らしぶり。僕がフィリピンに行った時の話。メールはアルファベットで、英語とタガログ語をごちゃまぜにしたものだ。タガログ語の辞書を調べながらだった。

8月の第2週、ミカからメールが来た。

「今度、お店でパーティーあります。チケットは5千円です。よろしくお願いします」

営業メールに正直がっかりした。

そりゃそうだよな、ミカは金を稼ぐために日本に来てるんだ。少し落ち込み、メールの返信をしなかった。

　3日ほどするとミカからメールが来た。

「最近メールないですね。どうした？ 忙しいですか？」

　僕が返信をしなかったため、もうメールは来ないと思っていたので、少し驚いた。

「ちょっと忙しかった。ごめんね」

　それからメールのやりとりが再開した。営業メールではなく、お互いの個人的なことをしゃべりあった。

　そんな状態が続いていた8月17日の夕方5時ごろ。ミカから「あなた、お金持ってますか？」とメールが来た。

「なんで？」

「今日、イベントあるからお店に来てください」

　また営業メールか。

「ごめんね。お金ないから行けないよ」

「千円だけ、ありますか？」

「千円ならあるけど……」

「あなた千円だけでいい。だからお店に来てください」

千円だけ持ってフィリピンパブに？　とんでもない額の請求書が来るんじゃあ……。フィリピンパブに連れて行ってくれた先輩に「これ、どういうことでしょう」と相談した。

「お前、それ絶対に騙されてるぞ。行くのやめとけ」

ミカは僕を騙しているのだろうか。でも、本当に千円だけで遊びに行けるのかも興味があった。ミカに騙されたなら、それで関係が終わるだけの話だ。ミカに「わかりました。千円だけしかないけど行きます」とメールを送った。

服を着替え、財布の中に千円札一枚だけを入れた。本当に千円で大丈夫なのだろうか。ミカに「本当に千円だけしかないけど大丈夫なの？」とメールで確認すると、「大丈夫。信じて」と返信が来た。

万一のときのために引き出しの奥にしまってあった1万円札を取り出す。それを小さく折りたたみ、靴の先に入れて家を出た。

栄4丁目を歩いていると、フィリピン人男性の客引きに「フィリピンパブどうですか？」と声をかけられた。

「いや、今日はいい。知り合いの子から千円だけでいいっていわれて来たんだよ」と断る。すると客引きは驚いた顔をした。

「千円だけ？　それで飲めるわけない。あなた、絶対だまされてるよ。悪い女いっぱいだから気をつけて」

やはり騙されているのだろうか。千円だけでいいといい、勘定になると高額な金を請求するボッタクリではないだろうか。栄4丁目を歩きながらまだ迷ったが、店に着いてしまった。

思いきって店の扉を開けると、キャーキャーと笑い声が飛び出してきた。店内はいつもと違い、風船やビーチボール、浮き輪が飾られている。ホステスたちは全員ビキニ姿。壁には「水着パーティー」と書かれたポスターが貼られている。なにかゲームをやっているらしい。店長が来て「ミカ指名ですよね？　もう少しでビンゴ大会が終わるので待っていてください」と、黒いソファーまで案内してくれた。

天井に取り付けられた液晶モニターの画面に番号が映し出される。ビンゴが揃ったホステスが立ち上がった。ソファーの前でガッツポーズをする。外れたホステスは足をバタバタさせて悔しがっている。

景品は、テレビや電子レンジ、折りたたみ自転車など、豪華なものだった。そして一等賞はフィリピンへの往復航空券。

ビンゴカードは一枚千円。ホステスたちは客に買ってもらっているようだった。中には五枚もビンゴカードを持っているホステスもいる。客は、自分が景品を当てても、それを指名のホステスにやっている。僕が着いた時にはビンゴ大会は終盤で、残りの景品も少なくなっていた。

ビンゴ大会が終わると、ミカが「残念。もう少しだったのに」と穴のあいたビンゴカードをひらひらさせてやってきた。水色のビキニに、下半身はお腹を隠すように茶色のストールを巻いていた。胸がいつもよりも露出している。

「本当に千円で大丈夫なの?」

ミカの耳元でささやく。ミカは「大丈夫。信じて」と白い歯を見せた。

ミカと店で会うのは、これでまだ3度目だ。しかしメールでいつもやりとりをしているためか、親近感が生まれる。

イベントの日とあってか、周りのテーブルにはシャンパンのボトルが並び、フルーツの盛り合わせ、ホステスのドリンクが置かれている。僕たちのテーブルには、僕のコーラのグラスが一つ置かれているだけだ。彼女の笑顔を見ると、なにかドリンクを頼みたい気分になった。しかし「千円しかない」といっているため、それはできない。

顔見知りのホステスが横を通った。通りながら僕の肩をたたき、「久しぶりね。二人ともお似合いだよ」と声をかけてきた。フィリピンパブにはまる客の気持がわかる。

ミカとはこの時も、日本語と英語、タガログ語のちゃんぽんでフィリピンのことを話し合った。

時間になった。店長がテーブルに来る。延長などできない。帰ることを伝えると、店長は伝票を取りに裏に行く。するとミカも立ち上がった。「ちょっと待っててね」と、店長の後を追った。

とんでもない請求をされたらどうしようかなどと考えていると、ミカが伝票を持って戻ってきた。「1000円」とだけ書かれている。「ごめんね、お金ないのに呼び出して」

「本当に大丈夫なの？」

「大丈夫だよ。ありがとうね」

財布から千円札を一枚出して、ミカに渡した。

会計を済ませエレベーターを待つ。エレベーターに乗る前、ミカがハグしてきた。耳のそばで「またね」という。僕も「またね」といって外に出た。

本当に千円だった。どうなってたんだろう。不思議な気分だった。

後になって、ミカがかぶってくれていたことを知った。貧しいフィリピンから出稼ぎに来た女の子が、数千円、あるいは1万円近くのお金を払えるはずもないと、当時は思いこんでいたのだ。

プライベートで会う

それからも毎日のようにメールをやりとりした。内容は、おたがいの家族のことなど、よりプライベートなことになっていった。

それからは「2千円だけでいいから来て」などというメールがひんぱんに来るようになった。

しかしこの頃はバイトで忙しく、時間をつくることができなかった。

ある日「本当にごめん、忙しくて店に行けないんだ。店に行くのが嫌なんじゃない。

信じてほしい」というメールを送ったら、「大丈夫だよ。今度の休みの日、外で会おう」と返事が来た。

どきっとした。

「無理しなくていいよ。また時間あるときに店に行くから」

「大丈夫だよ」

それから幾日かした8月28日、メールが来た。

「あす休みだよ。遊びできる？」

「同伴のこと？」

「同伴じゃない。明日の夕方5時にここに迎えに来てね」

住所が書いてある。フィリピンパブ街がある栄4丁目からすぐのところだ。ゆっくり歩いても10分足らずだ。

行ったら今度こそ怖い人たちが現れるのではないか。やめようか。だけど前回、本当に千円だった。信じてもいいんじゃないか。

翌29日、月曜日。気合を入れて服を選び、髪の毛をセットする。僕の車は、大学に入った時、父に買ってもらったマツダアクセラで、普段車内は散らかし放題だ。それを綺麗に掃除して向かった。片側5車線の広い通りから折れると狭い道で、アパートが立ち並んでいる。日当たりが悪く薄暗い。車1台がやっとの道路にはゴミが散らかり、自転車や原付バイクが乱雑に停められている。ミカの家は、濃い茶色のレンガ調の4階建ての建物の一室だった。周りの建物に比べるとまだ新しいように見える。約束の5分前。「着いたよ」とメールを入れる。すぐに「少し待って」と返事が来た。車を少し離れたところに停めて待つ。

フィリピン人は時間にルーズな人が多い。フィリピンに行った時、約束の時間から1時間、2時間は平気で遅れてくることが多かった。待つのは慣れている。シートを倒し、横になって目を閉じた。

約束の時間から1時間がたった6時前、携帯が鳴った。

「もしもし。今どこにいる?」

「家の近くだよ。もう外にいるの?　だったらそこに行く」

ミカはアパートから少し離れた所に立っていた。車の窓を開けると、走って助手席に乗り込む。体を屈めながら早口で「早く行って!」という。何だか分からないまま車を出し、大通りに出た。

「どうしたの？」

「ごめんね、びっくりさせて。でも、マネージャーに見つかるとやばいから」

それはやばい。とってもやばい。

「外で会ってて大丈夫なの？」

「大丈夫。信じて」

大丈夫じゃないからやばいんじゃないか。そう思いながら、夕暮れの名古屋の市街地を走る。

「私いま、すごくドキドキしてるよ。日本に来て初めてだよ、プライベートで外に行くの」

やっと笑顔が出た。

「でも、ホテルは絶対ダメだからね」

郊外の大型ショッピングセンターへ向かった。途中、ミカの携帯が何度も鳴った。彼女の携帯はスマホではなく、黒い折りたたみ型のプリペイド式だ。日本に来た時にマネージャーから渡され、プリペイドカードは自分で買っているという。

ミカは電話が鳴ると「静かにしてね」と言って電話に出る。わざとらしい咳払いをしながら「ごめんね。今日、風邪でお店休みです」どうやら客のようだ。

ショッピングセンターに着いて車を出る。そのとき初めて彼女の格好を見た。茶色の半袖のシャツに、ジーンズの短パン。ハイヒールを履いていないせいか、店で会うよりも小柄で、化粧も薄い。ずっと若く見える。少女みたいだ。

「あ、この服かわいいね」とはしゃいでいる姿はまるで普通の女の子だった。

ミカがかわいいといった服を「買ってあげるよ」といった。プライベートで会ってくれたお礼のつもりだった。しかしミカは申し出を断った。「大丈夫。今度お金ある時に自分で買うから」

おなかが空いてきた。少しは高級な店に行こうと誘ったが「フードコートの安いのでいい」という。二人で窓際に座り、僕はラーメン、ミカはハンバーガーを食べた。ミカはハンバーガーの代金を自分で払ってしまった。

ゲームセンターでメダルゲームをし、プリクラでツーショットの写真を撮った。夜10時になった。

アパートに送っていく途中、ドン・キホーテに寄った。ミカが「店で使う化粧品を買いたい」といったためだ。ミカは僕の持つカゴの中に、マスカラ、口紅などを入れていく。僕も自分で使う整髪料を一つ入れた。全部払うつもりだったからだ。

レジで財布を出そうとしたら、ミカは「私が払う」という。僕の整髪料の分まで払ってしまった。

「会ってくれたお礼として払いたいんだ」とお金を差し出した。しかしミカは「私の気持だからいらない」といって受け取らない。整髪料の代金700円だけを渡そうとしたが、それも受け取らない。

ミカが、客である僕に整髪料を買ってくれたことに驚いた。金のために故国から出稼ぎに来ている彼女は、経済的に貧しいはずだ。これまでは金づるの日本人と見られているのだろうと疑っていたが、どうも違うようだ。

この時、ミカに対する見方が変わった。フィリピンパブのホステスから、フィリピン人の友だちになったのだ。

買い物を終え、日付が変わった8月30日、深夜1時。ドン・キホーテの立体駐車場に停めた車の中で二人で話をする。僕は、フィリピンに行ったときの話や、大学院での話をした。

そのうちミカが黙り込んでしまった。どうしたんだろうと見ると、泣き出しそうな顔になっている。

「ごめんね……こんなこといったら私のこと嫌いにならない？」

「何のこと？　言ってごらんよ」

「ごめんね、私、本当は結婚しているの、ごめんね」

……。

「でも偽装結婚よ。日本来るために偽装結婚した」

偽装結婚？

どう答えていいかわからなかった。でも、何かリアクションをしなければいけない。うわの空で「日本に来るためだったんだから、しょうがなかったんだよ」といった。するとミカは日本語と英語、タガログ語のちゃんぽんで、日本に来た経緯を一生懸命に話し始めた。

「日本に来るのを誘ったのはお姉さん。今までお姉さんに助けてもらってたから、いうとおりにした。日本で働けばお金かせげるから。マニラでマネージャーと契約を交わした。契約期間は3年。給料は月6万円、休みは月2回。今のアパートにはホステス仲間と2人で住んでいる。私のマネージャーはたぶんヤクザ」

姉は他人のビザで不法入国

「マネージャー」とは、それぞれパブに所属するか、あるいは自分と契約した抱えのホステスをパブに派遣するかしているが、何人かの契約ホステスの給与やアパート、勤務状況を管理している。日本人男性が多いが、中にはフィリピン人女性もいる。昔、契約ホステスとして日本に来て、マネージャーに搾取されていた側の女性が、時が経つにつれ、今度は搾取する側のマネージャーとなるケースだ。

フィリピンで日本行きを希望する女性を探し、偽装結婚をさせ、日本に連れてくるのはそうしたマネージャーたちだ。彼らがいなければホステスは集まらない。そうなると店に客は来なくなる。要するにマネージャーというのは、フィリピンパブを経営していく上でなくてはならない存在なのだ。

店がホステスに支払う給与はいったん彼らが受け取り、半分以上をピンハネしてからホステスに渡す。ミカの給料は、マネージャーが間にいなければ手取り40万円を下らないだろう。ようするに「ヒモ」みたいな存在だ。

マネージャーが5人のホステスを管理していれば、ピンハネ分は一人で約30万円、5

人で約150万円になる。そこからアパート代や、偽装結婚相手への報酬、契約結婚のためのフィリピン往復の航空券代など実費を引いて、実収は月に100万円ぐらいになる。マネージャーはたいていの場合、地元の暴力団に属している。100万円のうちのかなりの部分が、暴力団への上納金となるとみていいだろう。

ミカの姉、メイは3つ年上で、2002年12月に日本に来た。やはりフィリピンパブで働くためで、最初は他人名義のパスポートで入国したのだという。

メイはもともと興行ビザでの入国を目指していた。得意はギター。日本へ興行ビザでの送り出しの斡旋を行っている会社の寮に泊まり込みで2年間、バンドを組んでギターの練習をしたが、政府のタレント試験に受かることができなかった。それで決意したのが、他人名義のパスポートでの入国だった。そこまでして日本に行こうと思ったのは、家族の生活のためだ。

母親の友人から日本への送り出し業者を紹介してもらった。母親と二人で業者のところに行くと、机の上にパスポートの山があった。フィリピン人の業者は、その1冊を姉に渡し「これで日本に行ける」といった。パスポートの名義はまったくの他人で、写真も似ていないし、年齢も違う。こんなので日本に入れるのだろうかと不安になった。

2日後、空港に行った。そこには同じように日本に行く女性たちが集まっていた。一人のフィリピン人の男が同行するという。男は女性たちに現金を渡した。現金は日本に入国するときのための見せ金だった。名古屋空港の入国審査ではドキドキだったが、あっけないほど簡単に入国できた。入国するとフィリピン人の男にパスポートと金を返した。名古屋空港から迎えの車に乗り、そのまま栄4丁目の近くにあるアパートに行った。

アパートに着いたあと、同行のフィリピン人男性に近くの喫茶店に連れて行かれた。そこで雇い主になる日本人のパブ経営者と会い、契約がかわされた。期間は3年。給料は1年目は月6万円。1年ごとに1万円ずつ上がるシステムだ。同じ店で働く他のフィリピンホステスと共同生活。支給される食費をみんなで出し合い交代で自炊することになった。

給料から2万円を強制的に貯金させられた。逃げられないようにするためで、契約が終わった時に全額をもらえるという仕組みだった。

日本に来てから2年半がたったとき、店の経営者が不法就労助長容疑で逮捕された。アパートにも家宅捜索が入ったが、事前に気付いて逃げ出したため、《逮捕＝強制送還》は免れた。一宮市に住む知り合いの客に電話し、一宮で働くことになった。

経営者が捕まったため契約がなくなった。つまりピンハネもなくなったわけだ。おかげで月の収入は30万円を上回った。給料やチップを貯め、3年で500万円以上になった。それを母のところに送り、ルソン島中部にあるパンパンガ州サンフェルナンド市に高級住宅を買った。

当時はパスポートなしの不法滞在だったが、付き合っていた一宮市の男性との間に子どもができたため、ビザが必要になった。大阪のフィリピン領事館に行って事情を話し、パスポートをつくってもらった。必要な書類はフィリピンの父が送ってくれた。これで配偶者ビザを手に入れることができ、身分が安定した。

栄4丁目でアルバイトとして入ったのが、偽装結婚斡旋組織の中心人物であるサイトウという男の店だった。その店に客として出入りをしていたナカタから「フィリピン女性の知り合いを紹介してくれ」と頼まれ、妹のミカを紹介した——。

妹に偽装結婚させることを、姉として不安には思わなかったのだろうか。のちにメイは平気な顔で言った。

「私の時はパスポートもない不法入国だから、いつ捕まるか怖かった。でも妹は合法の入国。パスポートもビザもあるから安心。偽装結婚の方が、不法入国よりずっといい」

ミカは、メイと同じ店で働いた。ミカはマネージャーから住む場所を決められていたから姉と一緒には住めなかったが、店にいつも姉がいるので心配はなかった。

ミカは偽装結婚を持ちかけられたとき、メイにそれがどういうことなのか尋ねた。メイはこう答えている。

「日本に来るには日本人と結婚しないといけない。でも大丈夫、本当の結婚じゃないから」

メイが日本に行くまで、ミカの家族は本当に貧しかった。家はボロボロ。ご飯は一日一食。家にトイレはなく、バケツに用を足して近くの川に捨てに行った。メイが日本に行ってから、その暮らしが段々とよくなった。仕送りのお金でミカは学校に行けるようになり、大学まで行った。一家は今や高級住宅街に住む。すべてメイのおかげだった。

「お姉さんはずっと一人で日本で頑張った。そのお姉さんに恩返ししたかったから、日本に来ることにしたの。お姉さんも、一人で日本にいるのがさびしかったんだと思う。だから私を呼んだんだ」

ミカがメイに日本行きの決意を伝えると、日本から行くマネージャーにマニラで会えといわれた。僕がミカに会う1年半前のことだ。

「2010年の2月ぐらいかな。マニラに住む日本人の家で、日本から来た4人の男と会った。一人はナカタ、一人はイシハラ、あとの2人も日本人の男性ね」

「ナカタ」はミカのマネージャーだ。イシハラは偽装結婚斡旋組織の中心的人物であるサイトウの下で働く男。偽装結婚の斡旋に詳しく、サイトウが案内役としてナカタに付けた人物だという。あとの2人は偽装結婚相手の候補だった。

ナカタはミカに、この2人のうちどっちと結婚したいか尋ねてきた。

「私は小太りの男を選んだの。その男がお姉さんのお客さんだったから。お姉さんから、私の客と結婚すれば安心だからっていわれてた」

ミカが選んだ結婚相手はコクボという男だった。34歳。メイの客だが、ナカタの子分のような存在だった。偽装結婚すると、ナカタからコクボに毎月5万円の報酬が出るということは、この時聞いた。

結婚相手が決まると、ミカはナカタから契約内容を聞かされた。契約期間は2年。仕事は日本人の男と酒を飲んで話すだけの簡単な仕事。給料は1年目は月6万円、1年経つと1万円上がる。他に食費として月1万5千円。休みは月2回。マネージャーの許可なく外出してはダメ……。

契約書類はなかった。だいたい偽装結婚をもとにできあがっている契約だ。文書にできるわけがない。それに、文書がなければいくらでも変更がきくし、訴えられることもない。

偽装結婚相手のコクボとは、初めの3ヵ月は一緒に住まなければならない。これは入管対策のためだ。その間、性的な関係がないことは保証する。3ヵ月を過ぎるとミカだけ別の家に移る。

「だけど日本に来てみたら、2年のはずの契約が3年になっていた。驚いたよ」

たった6万円の月収のために偽装結婚する。知らない男と同じ屋根の下で3ヵ月も暮らす。休みは月2日だけで外出の自由もない。

不安や危険を感じなかったのだろうか。

「何も心配しなかった。お姉さんの紹介だからだいじょうぶ」

ミカは、日本に行くことは金持ちになるチャンスなのだといった。

「フィリピンにいたら何もできない。仕事ない、仕事があっても給料安い。6万円なんて大金だよ。フィリピンじゃ稼げないよ」

フィリピンの平均月収は2~3万円ほど。確かに月6万円を稼ぐことはフィリピンでは難しい。

2回目に会ったのはイシハラとコクボの二人だけで、ナカタはいなかった。3月の中旬ごろ、マニラの偽装結婚斡旋業者の家まで父の車で送ってもらった。

「その日、斡旋業者のフィリピン人スタッフと一緒に、市役所に行って書類を出した。何の書類かは知らない。全部スタッフがやったからね。その日は斡旋業者の家に泊まった。家はびっくりするぐらい大きかった。庭にはプールがあるし、部屋もたくさんあった」

翌朝、父が車で迎えに来て、偽装結婚相手のコクボと自分の家に行った。コクボは英語もタガログ語もできず、身振り手ぶりで会話した。必要になると日本の姉に電話して通訳してもらった。家族みんなで食事し、夜は外のプールに遊びに行った。

「そういうの全部、写真を撮るためね。私たち二人が家族とご飯を食べてる写真、プールで遊んでる写真」

3日目の朝、偽装結婚相手をマニラまで送り届けて2回目の面会は終った。偽装結婚は犯罪だ。ということはミカが犯罪者になるということだ。にもかかわらず、両親は娘の偽装結婚に協力している。

「お姉さんが大丈夫っていったから大丈夫。みんなお姉さん信用してるから」

10年も送金を続け、高級住宅街に家まで買ってくれた姉。その姉の言葉は大黒柱の一言なのだ。姉からの紹介というだけで家族は全てを信用しきっていた。

4月に入ってから3回目の面会があった。その時に「結婚式」を挙げた。場所はマニラの偽装結婚業者の家、参列者はイシハラと偽装結婚業者のスタッフ、ミカの両親。指輪は近くのショッピングモールで買ってきた安物だ。二人で結婚の宣誓をし、指輪の交換をし、誓いのキスをして終わり。時間は10分ぐらいだった。それからちょっとパーティーをして写真を撮った。そのあとすぐ、スタッフと一緒に市役所に婚姻届を出し、その足で日本大使館にビザの申請をした。半年後にビザが出て、11月に日本に来た。

どうせ偽装の結婚だ。3回も会うのは時間の無駄だと思ったが、それは違った。日本の入国管理局にビザを申請するとき、二人がどう付き合っているかを説明する必要がある。1度目に出会い、2度目に交際、そして、3度目に結婚。その経過を説明するため、それぞれ念入りに写真を撮っておくのだ。

ミカは、「偽装結婚の結婚式」の写真を見せてくれた。

紫色のドレスを着て化粧したミカと、バロンタガログという白いフィリピンの伝統衣装を着たコクボが、肩を寄せ合い笑顔で写っている。コクボは色白、小太りで短髪、垂れ目で団子鼻。なんとなく気の弱そうな顔をしている。

ミカは、コクボがナカタの子分であることは分かったが、詳しい関係は分からないといった。コクボはナカタのいいなりだ。毎晩、ミカの姉のいるフィリピンパブにやってきて、ミカの姉を指名する。その店はナカタとサイトウの共同経営だった。

結婚式の写真はほかにもあった。ミカが笑いながらコクボにケーキを食べさせているカット。ミカの父母と新婚の偽装夫婦が笑顔で並んでいるカットなどだ。写真からは、ミカがこれから見ず知らずの日本で長い間生活することに対する不安など、まったく感じられなかった。両親も屈託なく笑っており、娘が偽装結婚して日本に渡ることを心から喜んでいるようだった。

それまで、偽装結婚についてまったく知らなかった。ミカの話で、やっと大筋が飲みこめた。僕はミカに「話してくれてありがとう」と言った。するとミカは、真面目な表情になった。

「ねえ、私と付き合ってくれる？」

付き合う？　名古屋の繁華街のフィリピンパブのホステスで、偽装結婚していて、背後に暴力団がいて、契約に縛られて自由もない。そんな話を聞かされた直後の告白だ。

だが、その頃、僕には彼女がいなかった。それに偽装結婚しているフィリピン人にも興味があった。研究に役立つとも思った。

こうして交際が始まった。

第三章　助けなんていらない

ミカとの交際が始まった。しかし彼女はマネージャーとの契約があり、外で自由に会うことはできない。いつ、どこで、どうやって会えばいいのか。

「15時から17時までの間なら会えるよ。ただ、マネージャーに見つからないようにね」

会えるのは2時間。それも危険と隣り合わせ。

ミカの家に車で迎えに行く。日当たりの悪い裏路地では、カラスがゴミ袋をつつき破って散らかしている。ミカは相変わらず、家から出てくるのに30分は遅れてくる。

デートといっても2時間しかないのだ。遠くにも行けない。とりあえず、家から30分以内で行ける名古屋城のあたりを車で走った。

「わあ、すごいきれい！　名古屋にこんなところあるんだ」

「え、名古屋城、知らなかったの？」

「知らなかった」
「今まで行ったことないの？」
「どこも行ったことない。一回お客さんと同伴で東山動物園に行っただけ。だって休みないでしょ。日本のことわからないし、バスや電車の乗り方がむずかしい。どうやって行けばいいか分からない」

栄4丁目

ミカと交際しながら、フィリピンパブの調査も進めていた。ミカの同僚たちの話も聞くことができ、そちらでも成果があった。

名古屋には3つの大きな繁華街がある。錦3丁目、栄3丁目、そして栄4丁目だ。それぞれに特徴がある。

錦3丁目は高級クラブやレストラン、キャバクラ、風俗店が多い。客引きはスーツを着ており、歩いている人もスーツ姿のサラリーマンやジャケット姿の年配の男性が多く、大人の街という印象だ。

栄3丁目は、若者向けのクラブや居酒屋、カラオケ店が多い。客引きは居酒屋やカラオケ店の制服を着ている。通りを歩く若者は、クラブで踊るためにおしゃれに決めている者や、居酒屋の前でコンパの相手を待っている者が多い。若々しくて楽しそうだ。明るくてにぎやかで、若者の街といった雰囲気である。

それに比べると栄4丁目は灯りが暗く、建物も古い。少し歩くだけで、台湾、中国、韓国、フィリピンといった外国の名前や国旗が見える。客引きもフィリピン人男性が多く、「フィリピンパブどうですか」と片言の日本語で語りかけてくる。フィリピン人客引き同士だとタガログ語で話していたり、座ってトランプをしている。歩いているのは一人だけの中年男性やサラリーマン、Tシャツやジーパンといった格好の人が多い。道にはゴミが散らかっている。汚くてどこか怪しく、危ない雰囲気がある。

なぜ、この街にはこんなにもたくさんフィリピンパブが残っているのだろうか。

1980年代に栄4丁目の日本人スナックで働いていたという女性は「昔はフィリピンパブもあったけど、日本人ホステスのお店の方が多かったね」といった。

当時はバブルの最中で、平日でも店の前には客の列ができ、道路が渋滞するほどだったという。このころはまだフィリピンパブは少なかった。

中警察署でフィリピンパブの話を聞いたとき、栄地区対策隊隊長の警視は、フィリピンパブが増えはじめたころの様子を教えてくれた。

「バブル崩壊で景気が悪くなってからだよ。飲食店街の雑居ビルが空室ばかりになった。その空室を埋めるため外国人パブを入れるようになったというわね」

バブルが崩壊した後、栄4丁目に店を構えていたスナックなど飲み屋の多くは、客単価の高い錦3丁目に移って行った。空室に困った雑居ビルのオーナーは、家賃を安くした。そこに外国人パブが入ってくるようになった。その多くがフィリピンパブだった……。

2005年には、興行ビザが規制されてフィリピン女性の呼び寄せが難しくなった。にもかかわらず、この街にはたくさんのフィリピンパブが残っている。それはなぜなのか。フィリピン人女性の支援をしているNGOの日本人女性職員は、チャイナタウンのように、親族同士で呼び寄せているのではないかと見ている。姉のメイがミカを呼んだように。

フィリピン人女性が日本に来るようになってから30年以上が経つ。法務省の2015年6月末の在留外国人統計によると、愛知県には3万1114人のフィリピン人がいる。ちなみに日本全体だと22万人以上だ。

栄4丁目周辺にはフィリピンパブだけでなく、フィリピン雑貨屋、フィリピン料理レストラン、フィリピン人同士の支援NGO、タガログ語でミサが行われる教会まである。フィリピン人が日常生活に困らないコミュニティーがすでに形成されているのだ。

この街にコミュニティーをつくっているのはフィリピン人だけではない。暴力団が背後にいる偽装結婚斡旋組織の日本人も集まっている。

こうした偽装結婚組織は、フィリピンにいる仲間と連絡を取り合い、フィリピンで女性を集め、偽装結婚をさせて、栄4丁目のフィリピンパブに連れてくる。偽装結婚の斡旋やパブ経営の収益の一部は、暴力団の資金源となっているケースもあると警視は言っていた。

フィリピンパブにはまる客

栄4丁目にフィリピンパブがこれだけ多くあるということは、それだけ多くの客がいるということだ。フィリピンパブに通う客は一体どのような人たちなのだろうか。

僕の知り合いに「クロダさん」という人がいる。フィリピンパブに15年以上通っているという50代後半の男性だ。仕事は現場作業員。顔は真っ黒に日に焼けている。ミカの同僚ホステスの誕生日会で知り合った。クロダさんは当時、そのフィリピン人ホステスと交際していた。

「フィリピンパブのいいところは、安いことと、オレみたいな年配でもモテることだわ」

栄4丁目のフィリピンパブの相場は指名、セット料、ドリンクを頼んで1セット60分で6千円程度だ。錦3丁目のキャバクラでは1セット50分で、指名やドリンクを頼むと最低でも1万2千円はかかる。フィリピンパブは、錦3丁目のキャバクラの半額だ。

フィリピンパブには、とにかく中年男性が多い。僕なんか、ホステスからいつも「お客さん若い。珍しいよ」といわれる。ほかの客から「兄ちゃん、若いのにフィリピンにハマったか」とからかわれるほどだ。

クロダさんによると、常連客は50歳から60歳ぐらいだという。「若い人は金がないから常連にはならないわね」

錦3丁目のキャバクラに比べ安いフィリピンパブだが、週に2、3回通うには金がいる。家のローン、子どもの養育費など、家庭を持っているサラリーマンには無理だ。また、安い年金生活者もむずかしい。

常連の典型は「子どもは独立、離婚して独身、自由になる金がそれなりにある50～60代の現役男性」といったことになる。クロダさんも10年前に奥さんと離婚し、30代の娘と、20代の息子はとっくに自分の家庭をつくった。平均月収は50万円ほどだが、週に2、3回パブに通い、月に15万円前後を使っている。

クロダさんは、自分がフィリピン人にモテるタイプだと思うという。

「日本人の若い子がいるキャバクラだと、オレみたいなおっさんは相手にしてくれない。でもフィリピンパブは違う。オレでもモテるんだ」

本当に日本人中年男性はフィリピン人ホステスにモテるのか、ミカにたずねてみた。

「常連のお客さんをゲットするには、まずお客さんに私のことを好きになってもらうね。例えば、ハグするとか、肩に頭を乗せて甘えるとか。それから、デブでもハゲでもおじいさんでも『あなたかっこいいね。私のタイプだよ。フィリピンでモテモテだよ』って話す。そうすれば私のこと好きになる。好きになったら絶対にお店に来るよ」

ホステスが自分に好意を持っていると感じた客は店に何度も足を運ぶ。そしていつしか自分はホステスの特別な客だと思い込むようになるらしい。

しかしそうなったら、客から肉体関係を求められることはないのだろうか。

「契約ホステスだったら、まだ契約があるから無理っていう。アルバイトの子だったら、家で子どもの面倒をみないといけないから外で会えないっていうよ。お客さんは信じてくれる」

フィリピンパブで働く、ミカのようにマネージャーとの契約がある契約ホステスは、売上ノルマをクリアしなければならない。マネージャーとの間に契約がないフリーのアルバイトホステスも日本での生活費や、フィリピンへの送金があるから、一生懸命、面倒な客でも、うまくかわしながら店に来てもらおうとする。

でも、とミカはいう。

「若いお客さんは難しいよ。若いお客さんは『外で会おう。セックスしよう』ばかり。それで断ったらもう来ない。若ければ外でも彼女をつくれる。でも、おじさんは他に彼女つくるチャンスがない。だから断っても店に来るね」

フィリピンパブに通う客は、店ではちやほやされ、モテていると思う。モテるのは嬉しい。フィリピンパブは、中年男性にとって最後の希望の場所なのかもしれない。

バブルの幻影

中年男性が多いもう一つの理由は、愛知県が工業地帯であることだ。

愛知県には、トヨタをはじめとする大企業がオフィスや工場を構えている。当然、その子会社や関連企業、下請け産業などが多く、中小企業や零細企業、自営業者が多い。大企業のサラリーマンは錦3丁目の高級クラブやキャバクラに行く。彼らは接待という名目で会社の経費で飲める立場の人間だ。

それに対し、フィリピンパブに通う客は高給取りではない。建設現場の労働者やタクシー運転手、従業員数人といった会社の社長さんなどだ。

若い客が常連客になることが少ない理由のもう一つに、ホステスの年齢が年々上がっていることがある。

興行ビザが規制されてしまった今、フィリピンパブで働くホステスの多くは、規制前に入国し、その後日本人男性と結婚するなどして在留資格を手に入れたフィリピン人女性がほとんどだ。若いホステスを入れられなくなったフィリピンパブは、こうした「ベテランホステス」に頼るしかない。ホステスの循環ができなくなったため、月日が経つにつれホステスの年齢も上がっていく。

今、フィリピンパブで働くホステスは、30代後半から40代が多い。水商売の女性は若ければ若いほど価値がある。20代の男性客が、自分よりも一回りも上の女性目当てで店に通うというのはまずないだろう。

ただ、栄4丁目の利点もあるという。フィリピンパブのオーナーをしている日本人男性はいう。

「フィリピンパブは、錦のクラブに比べると景気に左右されにくい。向こうは、景気が悪くなって会社の経費で落とせなくなると、客足は一気に遠のく。でも、ここは昔からのファンが多い。彼らは自前で遊んでいる。だからわりと安定してるんだ」

今、フィリピンパブを支えているのは、興行ビザが規制される前の80年代後半に若いフィリピン人女性を追いかけていた「当時の若者」たちなのだ。

偽装結婚はホステス若返りが目的

興行ビザが規制されてから、若いホステスを確保できなくなったフィリピンパブの多くが閉店に追い込まれた。

2004年までフィリピンパブを経営していた元オーナーはいう。

「2005年にビザが規制されるって聞いたんで店をやめた。危険を承知で不法滞在者を雇ったりする店もあったけど、おれはそこまでして店を続ける気はなかった」

興行ビザが規制されてしばらくの間、フィリピンパブのホステスの多くは、ビザの期限が切れた後も日本に滞在し続けるオーバーステイのフィリピン人女性だった。不法滞在だ。だが取り締まりが厳しくなり、今ではオーバーステイのホステスを雇う店はほとんどなくなった。その元オーナーはいう。

「興行ビザのころのフィリピンパブは若いホステスばかりだった。成績を上げないと店からリクエストがかからず、次の入国ができないから、みんな必死で働いた。店は若くて活気があった」

「今のホステスのほとんどは、昔日本に来て日本人と結婚した女性ばかりだ。彼女たちも『ベテラン』になっちゃっている。しかも日本人と結婚して身分が安定しているからのんびりしたもんだ。アルバイト気分だよ。客を必死で捕まえておこうなんてしない」

興行ビザの期限が切れたら、ホステスは一度フィリピンに帰らなければならない。店から再雇用のリクエストがかかるのは、売上があるホステスだけだ。リクエストがかからなければ、また厳しいオーディションからやり直しになる。だから昔は、常に若いホステスを確保することができた。しかし興行ビザが規制されたいま、新しいホステスを入れることができなくなり、ホステスの高齢化が進んでいるというわけだ。

常連客の年齢が高いからといって、店としてもベテランホステスばかりでは客が離れていく。店の将来がなくなってしまう。若いフィリピン女性が必要だ。そこで考えついたのが「偽装結婚」だった。日本人と結婚させ、「日本人の配偶者」のビザを取得させて日本に来させる方法だ。

観光ビザでは、パブでホステスとして働くことはできない。だが配偶者ビザは日本での活動制限がない。どんな仕事でもすることができる。

こうして偽装結婚が広まった。興行ビザで来日した女性と同じように「タレント」と呼び、契約で縛るようになった。

偽装結婚は犯罪だ。刑法第157条第1項の「公正証書原本不実記載・同行使」にあたるからだ。中警察署の警視はこう言っていた。

「そんなことを大規模にやろうとしたら、個人では無理だ。フィリピンから送り出す側にも仲間がいなければならないし、偽装結婚相手も何人かそろえておかなければならない。ということは、大きな組織が必要だということだわね。当然、金がらみ」

すべてのフィリピンパブが暴力団と絡んでいるわけではないし、すべての若いフィリピンホステスが偽装結婚というわけではない。しかし偽装結婚で若いホステスを確保している店は人気があり、客が多く、店の雰囲気もよくなる。

それだけではない。偽装結婚をするときには、日本で稼ぎたいという相手の弱みにつけ込んで、労働基準法無視の契約を飲ませる。休みは月2回のみ、それも店が決めることができる。給料も月6〜8万円。普通、栄4丁目のパブのホステスは、月30〜40万円、時にはそれ以上の収入があるのだ。差額は「背後の組織」がピンハネしている。さらにノルマを設定し、クリアできなければペナルティーとして罰金を取ることもあるのだという。

「背後の組織」ってどこですか。そう中警察署で訊ねると、警視はにやりとした。

「捜査にかかわるから詳しくは教えられないけどね。でも、これを見れば分かるだろ」

そして新聞の切り抜きのコピーを見せてくれた。２０１５年6月4日付の読売新聞。フィリピンホステスを別の店に紹介しようとした男性を、山口組系暴力団幹部が脅して逮捕されたという記事だ。

「山口組系の暴力団って書いてあるでしょ」

「ばかにしないで」

ミカと付き合いはじめてから、話題の中心は彼女の仕事に関することだった。

フィリピンパブの研究上、彼女がどういう状況で仕事をしているのか興味があった。

「仕事は大変。本当にストレスいっぱいだよ。毎日、お客さん来るかどうか心配してる。ノルマあるし、ペナルティーもある。気が休まることはないよ。お客さん来なかったらペナルティーばかりで給料なくなっちゃう。売上が上げられなかったらマネージャーにも怒られる」

ノルマを達成できなければドリンクのバックがもらえない。客にたくさん飲み物を注文させたホステスに対する報奨金だ。普通に頑張れば、何とか月5万円ぐらいになる。給料の少ない彼女たちにとって、月5万円は貴重な収入だ。ノルマは15日間で18万円分。つまり、毎日1万2千円を売り上げなければバックはもらえない。そのためには定期的に指名してくれる常連客が必要となる。

ミカに課せられているのはノルマだけではない。日曜日やイベントが開催される日など店が定めた日に指名の客がこなければ、ペナルティーが課せられる。金額は1日5千円。6万円しか給料がないのに、翌月の給料から罰金を差し引かれる。そんなときにはマネージャーから借金してしのがなければならない。借金ばかりがふくらむ場合もある。

大学で、フィリピン女性の人身売買のケースを学んだ。フィリピンの現地調査で、元ホステス女性たちの社会復帰を支援しているNGOから「搾取労働」という言葉を聞いた。そのときは、どこか遠いところの話のように聞き流していた。しかしそれは、今まさにミカたちが味わっているそのことだったのだ。

「そんなところで働いていて大丈夫？　マネージャーは、ミカが、月6万円って大きい給料だと思うだろうと知っている。ミカは騙されてるんだよ。それに、日本に来てから契約が勝手に1年も延長されている。ノルマやペナルティーもある。マネージャーは暴力団員だし、何されるかわからない。警察に相談に行ったほうがいい」

するとミカは、警察に行ったらどうなると思ってるの、といった。

「私怖いよ。偽装結婚してるでしょ。捕まるよ。捕まったらどうやってお金稼ぐの。フィリピンには仕事ないんだよ」

「じゃ、大学院の先生に相談してみよう。フィリピン人を支援するNGOを知っているはずだよ」

「大丈夫。私はぜんぶ承知で日本に来たの。だから契約期間までは頑張って仕事する」

「マネージャーに突然売り飛ばされるかもしれないし、契約だって守られないかもしれないよ。だって契約書もないじゃない。日本に来てから勝手に契約が延びたんでしょ。マネージャーなんて信用できないよ」

ミカをこのままマネージャーの下で働かせていたらどこかに売り飛ばされて、売春などを強要されてしまうのではないか、そう思って焦っていた。するとミカはきっぱりといった。

「あなたは大学で本読んで考えただけ。私は働いて考えてる。だから私の方が分かる。私のマネージャーはヤクザだけど優しいよ。私のこと娘みたいに大事にしてくれる。お店でいやなことがあっても相談に乗ってくれるのはマネージャー。日本で頼れるのはマネージャーだけ。だから私はマネージャーのこと信用している」

マネージャーというのはナカタのことだ。ミカは自分がナカタから搾取されていることを知っている。それなのにそのナカタのことを信用している。

「ふだんは優しいかもしれない。だけどミカが働かないとマネージャーは儲からないじゃん。ミカが稼げなくなったら何をされるかわからないよ。だからとにかく相談だけでもしてみようよ」

ミカは僕に向き直った。

「私のこと、弱い人間と思っているんでしょ？　私、強いよ。あなたが思っているのと違う。ばかにしないで。私のこと助けたいと思って付き合うんだったら付き合わなくていい。助けなんていらない」

強い口調だった。驚いてぽかんと口を開けると、ミカが笑った。

「悪いことばっかり考えてたら悪いことが起きるよ。ネガティブはだめ。ポジティブに考えないと。安心して、私大丈夫だから。自分で自分のこと守れるよ。だから、私のこと気にしないで」

ミカは僕と会っている時、つらいそぶりを見せたことがない。ドライブをしている時は助手席でにこにこし、いつも冗談をいっている。ショッピングモールに行けば、何を買うわけでもないのに楽しそうにしている。

僕はそれまで、ミカを助けてあげなければいけないと思いながら付き合っていた。「豊かな日本の大学院生」が、「騙されて可哀想なフィリピン女性」を助けてあげる。頭の中にそんな絵を描いて、その絵に寄りかかってしか物を考えていなかったのだ。

第四章　信じてほしいと言うけれど

ミカと付き合い始めたばかりの頃、ある午後、ミカを連れ出して名古屋市郊外の港の道路をドライブした。海沿いのひと気の少ないところに車を停めた。

フィリピンのことやショッピングのことなど、とりとめのない話が続く。平気な顔で話をしてはいるが、心臓はドキドキしていた。ふと、話が止まった。沈黙。ミカの唇にそっとキスをした。するとミカがキスを返してくる。ミカを強く抱きしめる。右手をピンク色のTシャツの下にすべり込ませ、胸を触ろうとした。

ミカは僕の手をとり、胸から外した。

「私は軽い女じゃない。セックスは1年たってから。それまではなしね」

「大丈夫、待ってる」と格好をつけてミカから離れた。

ミカはまだ僕のことを心から信用しているようではなかった。でも僕も、ミカをまだ信頼できていない。

ミカが僕と付き合っているのは、たんに固定客が欲しいからだけなのかもしれない。あるいは、日本人と付き合っていれば、何かあった時に助けてもらえると計算しているのかもしれない。もしかしたら、他にも交際している男性がいるのかもしれない――。

そんな不安定な関係だった。

それから一ヵ月ほどして、ミカが僕の家に来た。

ミカは前から「あなたの家パソコンある？　パソコン使わせてもらえないかな」といっていた。Facebookをやりたいのだという。それで家族のいない時を狙ってミカを連れてきたのだ。

父は会社勤め、母はパート、弟は学校。家の中はしーんとしている。2階に上がった。広さ6畳の僕の部屋。大きな机とベッド、本棚。部屋の中は狭い。服が散らかり、コミック本が床に転がっている。

机の上のパソコンを開き、立ち上げてから椅子をミカに譲る。ミカはFacebookを開き、フィリピンの友人とチャットを始めた。僕はベッドに腰をかけ、大学院の課題の本を読んでいた。

30分ほどして「終わったよ。ありがとう」とミカがいった。立ってパソコンのYouTubeを開く。僕はサザンオールスターズの「真夏の果実」をかけた。するとミカは「この曲知ってるよ。お店でお客さんが歌っている」

つぎはミカがMr.Childrenの「しるし」をかけた。「私この曲好きなの。なんて言っているかわからないけど、メロディーが好き」と言って。

僕はフィリピンで買ったタガログ語の音楽のCDを何枚か持っている。それをかけた。するとミカは、ゆずの「夏色」をかける。歌詞も覚えたという。

しばらくするとミカは「眠くなった。ベッドでちょっと横になってもいい?」という。この日はパソコンのため、ミカはいつもよりも早く起きている。「いいよ」というと、ミカは「一緒に横になろう」と誘った。ミカの隣に寝転んだ。

しばらく音楽を聴いていると、寝ていると思ったミカが体を起こし、僕にキスをし、体を押し付けてきた。

「一年間だめだっていったじゃん」というと、「もういいの」と答えた。

「あなたのこと信用したから」

勤めの準備をする17時に間に合うよう、ミカを送った。ミカは「少しぐらい遅くなっても大丈夫」という。ゆっくりと寄り道をしながら車を走らせた。

アパートの前で車を降りるとき、ミカは「帰りたくない」といった。

二つの嘘

会う時間は少しずつ長くなっていった。昼過ぎに迎えに行き、夕方17時過ぎまでデートする。といっても、相変わらず近くをドライブするかショッピングモールに行くかしかないのだが。

2011年10月10日。ミカの休みの日に、ナゴヤドームに中日ドラゴンズの試合を見に行った。首位ドラゴンズと2位スワローズとの首位攻防戦。球場は満員で大盛り上がり。結果はドラゴンズが3対0で勝った。

フィリピンで人気のスポーツと言えばバスケットボールで、野球はあまり人気が無い。ミカにとって初めての野球観戦だったが「ルールがわからないから、イマイチね」といいながら結構はしゃいでいた。

ゲーム中、何度もミカの携帯電話が鳴った。番号をのぞくと、フィリピンの国番号「63」から始まっている。しかしミカは電話に出ない。電話は何度もかかってくる。

こっちが気になり始めた。

「君の家族に何かあったんじゃない？」

「大丈夫。お父さんから。お父さん厳しいからどこにいるかいつも聞いてくるの」

しかしこれまでミカはフィリピンからの電話には必ず出ていた。なにかおかしい。

地元ドラゴンズの勝利で気分がよかった。「今日は帰るのやめよう。外に泊まろう」

とミカを誘った。ミカは「いいよ」という。初めての外泊。

名古屋市内のラブホテルに車で入った。しかし、部屋に入ってもミカの携帯は鳴りっぱなしだ。

「いい加減に電話に出たら」

「わかった」

ミカは携帯を持ってトイレに入った。

僕はテレビをつけた。しかしミカの声がトイレから聞こえてくる。タガログ語の早口。口調は強く、どうやら言い争いしているようだ。いくつか分かる単語もある。それをつなげていくと、父親ではなさそうだ。長電話。10分ほどして、大きな声。

「何回言ったらわかるの！　もう連絡してこないでっていってるでしょ！」

　ミカがトイレから出てきた。

「大丈夫だった？」

「うん、大丈夫」

「電話、だれから？」

「お父さんだよ」

「お父さんじゃない。ミカはウソついてる」

「ウソついてないよ」

「話、聞こえてたよ。お父さんじゃなかった」

　ミカは黙り込んだ。しばらくして、ベッドの上に正座した。

「ごめんね、ウソついてた。でもそれを話したら、あなたは別れてしまうかもしれない。だからいえない」

「全部話して」

　ミカは黙り込んだ。目に涙が浮かび、みるみるこぼれおちた。それから、小さな声で話し出した。

「あの電話、フィリピンの彼氏から」

頭の中が真っ白になった。ミカには彼氏がいた。やっぱり騙されていたんだ。フィリピンパブで働くホステスと、真剣に付き合ったりしちゃいけなかったんだ。気分が悪くなってきた。ベッドに横になり、ミカに背を向けた。

ミカは泣きながら、後ろから僕に抱きついた。

「ごめんなさい。でも彼には前から別れようっていってたの。でも彼が別れたくないっていってるの。今もその話で電話がかかってきたの」

彼女は何度も謝った。無視というより、黙っていることしかできなかった。ミカは泣き続けている。

そのうち、様子がおかしくなった。ミカの呼吸が早い。興奮して過呼吸になってしまったらしい。慌ててビニール袋を持ってきて、ミカの鼻と口にかぶせた。5分ほどして、やっとミカは落ち着いた。しかたなく「わかったよ。もう一度だけ信じる」といった。

ミカは「ありがとう」と鼻声でこたえた。

「これからは、あなたに信じてもらえるように一生懸命がんばる」

このあと、ミカはいろいろな隠しごとを打ち明けた。偽装結婚相手のコクボとまだ同居しているということも、このときに初めて聞いた。「来日して最初の3ヵ月は同居する」という契約であることは知っていた。しかし、３ヵ月どころか、もう1年近くたっている。何度も問いつめた。

「本当に何もないよ。信じてっていっても無理だと思うけど、信じてほしい」

簡単に信じられるものじゃない。ミカの偽装結婚相手であるコクボはまだ30代。不信のかたまりになってその日は別れた。

ミカの部屋

２０１１年11月、ミカと知り合った店「Ｅ」が閉店した。ミカは「Ｋ」という店に移った。店の場所は同じ栄４丁目だ。

「Ｋ」の経営者は３人で、１人はミカのマネージャーのナカタだ。もう1人は、偽装結婚斡旋組織の中心人物であるサイトウ。３人目は、ナカタの相棒のタカハシ。ナカタとタカハシが資金を出し、サイトウが店を切り回すというシステムだった。

新しい店は広かった。前の店の倍以上ある。壁は鏡張りで天井にはシャンデリア。床とソファーは黒で統一されている。シャンデリアの光が壁の鏡にきらきら反射し、すっかり高級店のイメージだ。

ミカが「K」にかわった頃、僕たちはミカの仕事が終わる午前3時頃から日が昇るまで会うようになった。

　会うといっても、そんな時間に行けるところなんてない。ただ車の中で暖房をかけて、日が昇るまでミカの家の近くに路上駐車していただけだけど。

　マネージャーに知られたらまずいなと思った。しかし、ミカが偽装結婚相手のコクボと一緒にいる時間を少しでも短くしたい気持の方が強かった。

　すっかり寒くなった12月の初旬。まだコクボとの同居のことについて、ミカにぐちゃぐちゃ文句をつけていた。するとミカは僕を見つめ、決断したようにいった。

「じゃ、これから家に来て。家に来れば何もないってわかるから」

　コクボは朝6時に仕事に出て留守になるのだという。その時は6時前。もうすぐだった。でも正直怖かった。客がホステスの家に行ったことがバレたらただじゃすまないだろう。ミカに嫉妬めいたことをいってるくせに、いざミカが決断すると、僕はおじけづいてしまったのだ。

「見つかったら危ないかもしれない。でもそれより、何にもないことをあなたに信じてほしいの。部屋の中を見ればすぐわかるから」

ミカの目は真剣だ。こわごわ、アパートにいくことに同意した。

アパート近くのコインパーキングに駐車する。時間は6時15分。ミカが先に家の中を確認しに行く。ミカからOKの電話がきて、僕はアパートに向かった。

外は寒く、まだ暗い。ガラス張りの重い扉を押してエントランスに入る。ミカの部屋は1階の正面奥だった。

周りを気にしながら静かにドアの前に立ち、ミカに電話する。中からカチャリと鍵を開ける音がして扉が開いた。すばやく中に入る。ミカはすぐ鍵とチェーンをした。

アパートは1Kだった。狭い玄関に、大きな男物のスニーカーやサンダルがある。その隣にミカのサンダルと店用のヒール。

部屋に入ると、まず小さなキッチンがある。狭い。シンクの中には汚れた茶碗と箸が置いてある。コクボが朝食を済ませたあとらしい。

「本当にいつも汚い」

ミカは文句を言いながら食器を洗う。ミカが洗わないと洗い物はどんどん増えていくのだそうだ。

キッチンには塩、砂糖、味の素などの調味料が並べられており、キッチンの隣には米、炊飯器、冷蔵庫が置いてある。すべてコクボのものだそうだ。ミカの分の食べ物はカップラーメンが2個だけだった。

キッチンを抜け、突き当たりの右手にトイレ、左手にシャワー室がある。シャワー室の先にドア。この向こうが偽装夫婦の生活する部屋で、10畳分あるという。扉を開ける。そこには独身男性の一人暮らしのような光景があった。

窓には黒のカーテン。大きなベッドがあり、黒いカバーがかかっている。壁にはアニメ「ワンピース」の大きなパズル絵。薄型の大きなテレビの前にはプレイステーション3が繋がっており、その前の床にはゲームが積みあげられている。棚にはプラモデル、漫画本、アダルトビデオ。ベッドの上にはスウェットが脱ぎ捨てられ、壁には男物のジャケットやジーンズがかかっている。

大きなベッドから1メートルほど離れたところにピンク色の布団が敷いてある。そこがミカのスペースだ。広さは2畳分もなかった。

布団の横には3段の青いプラスチックの衣装ダンス。その上にネックレスやらピアスやら。わきに縦長の全身が見える鏡。布団の頭の先に物置があり、その中にはフィリピンから持ってきたスーツケースが二つと、店で着るドレスがしまってある。ミカのすべてがこの2畳のなかにあった。二人の間にパーティションなどの仕切りはない。ミカはまるで居候だ。若い夫婦が1年近く生活している、という光景ではない。

「マネージャーは契約のとき、3ヵ月だけ一緒に住むようにといった。それがもう1年たつ。マネージャーにだまされた。ウソつき」

偽装結婚相手は見張り役でもあるという。

「コクボと一緒にいるのがいやで、家に帰らず近くの友達の家に泊まったの。そしたらコクボはマネージャーに、ミカが帰ってこないって報告した。マネージャーからすごく怒られた」

偽装結婚相手と一緒に住まわせる理由は幾つかあるようだ。一つは入管対策。一緒に住んでいれば偽装結婚と疑われることはない。

もう一つは、家賃をコクボと折半することで経費を抑える目的。家賃はマネージャーの負担だ。ナカタにはいま、ミカしか手持ちホステスがいない。ミカのためだけに家を借りるとナカタの取り分がかなり少なくなる。そこで自分の手下であるコクボと一緒に住まわせ、家賃を抑えているのだ。家賃は月6万円。それに光熱費を加えた分を毎月、コクボとナカタで折半している。

そしてもう一つは監視役だ。

それにしても、男性と一緒で不安ではないのだろうか。

「大丈夫。コクボはお姉さんのお客だし、マネージャーのことが怖いから私に手を出せない」

ミカが日本に来て1ヵ月ほどたったころ、コクボに胸を触られた。驚いて姉に相談すると、姉はすぐナカタに言いつけた。

ナカタは電話でコクボを店に呼び出し「バカヤロウ！」と怒鳴りつけ、往復ビンタを張った。それ以降、コクボは家でミカを見ようともしないという。

コクボも自分の意志でこの部屋に住んでいるわけではない。ナカタに命令されて住んでいる。朝6時に作業着に着替えて家を出て、夜7時ごろ帰ってくる。何の仕事なのかは判らないそうだが、ナカタの手伝いをしているらしかった。

ミカは夕方5時ごろ起きて、食事、シャワー、化粧や着替えなど店に行く準備をし、夜7時半に送迎の車で出勤する。店から帰ってくるのは午前3時ごろで、コクボは大きないびきをかいて寝ている。すれ違いの生活だ。

「だから家では全然会わないし、会っても話はしない。会うのは店の方が多いぐらい。

たまにヘルプで彼の隣に座ると、久しぶりねって言ってやる」

コクボはミカの姉を指名しに毎晩のように店に通っている。ということは、ナカタの店に金を落とすということだ。そしてミカも毎晩、仕事をするためにホステスとして店に出勤をして、マネージャーであるナカタのために働いている。

ミカに彼氏がいたことが分かってから約2ヵ月の間、僕はミカに対して冷たかった。でもミカは信頼を取り戻そうと一生懸命の様子だった。昼間の早い時間でも、寝不足に不平もいわずデートにつきあった。

こんなことをしていてマネージャーにばれないだろうか。ミカは「そんなことより、あなたと一緒にいられることの方が大事」といった。

「私、日本に来てからどこにもリラックスできる場所なかった。毎日、仕事のことでいっぱい。家でもコクボがいるからリラックスできない。あなたと会ってから初めて自分の居場所ができたみたいに感じる」

今まではミカが何をしてもあまり気にしなかった。約束の時間を守らないこと、ごみをポイ捨てすること、約束を急に変更することなど。どうでもいいやと思っていた。遊びのつもりがどこかにあったのかもしれない。しかしミカのその告白を聞いてからは、小さなことでもきちんとミカに言うようになった。

ミカは約束の時間通り家から出てくるようになった。ごみのポイ捨てもなくなった。そして、デートのときにはどんなに眠くても早く起き、出勤ギリギリの時間までいるようになった。

共同生活

やがて僕たちは、偽装結婚相手のコクボがいない時にミカの家で会うようになった。2畳ほどのミカの布団の上で、朝6時から夕方5時まで過ごしていた。

その頃、ミカの友人のアキというフィリピン人ホステスが「あなたたち、会う場所ないんだったら私の家に住めばいいじゃん」といってくれた。

アキは僕の一つ年下で、2010年6月に来日した。60代の日本人男性と偽装結婚している。契約期間は3年、給料は月6万円。1年ごとに1万円ずつ上がる。ミカとほぼ同じ内容だ。

以前に一度、ミカと一緒に買い物に連れて行ったことがある。そのころ、アキは僕のことを疑っていた。

「日本人悪い人いっぱい。あなたのことも信用しない」

「ちょっとでもミカに悪い事したら、絶対に許さないよ」

疑っていたのは僕だけではなかったのだ。

それから何度も買い物に連れて行き、アキとミカが行きたいというので、リンゴ狩りにも行った。美容院への送り迎えや、食事にも付き合うようになった。しばらくすると、アキともすっかり親しくなった。

2012年1月、仕事終わりのアキに誘われ、ミカと二人でアキの家に行った。ミカのアパートの筋向い、20メートルぐらいしか離れていない。オレンジ色の鉄筋コンクリート5階建てで、1階に居酒屋が入っている。

エレベーターに乗り4階まで上がった。エレベーターには「禁煙」という張り紙がしてあるが、タバコの匂いとアンモニア臭がする。4階の一番手前がアキの部屋だ。隣には大きなマンションが建っており、昼間でも日当たりが悪く薄暗い。

アキが鍵を差し込み、重い扉を開ける。僕が靴を脱ぐと、アキはそれを物置の中にしまった。

「マネージャーが来たら、あなたひどい目にあうよ」

「マネージャーが来る事なんてあるの？」

「うん。私が日本に来て1年間は毎日、家にいるかチェックに来たよ。今でもたまに突然来る事もある」

見つかったら「殺される」のだそうだ。自分で誘っておきながら、ひどい話だ。

「もしマネージャーが来たらあなたここに隠れてね」とアキはベランダを指した。

アキのマネージャーはサイトウを中心とする偽装結婚組織の一人で、アキのようなホステスを連れてきては、需要のある店に派遣している。他にも何人もホステスを抱えている。アキは初め、先輩ホステスと一緒に住んでいたが、その先輩が契約を終えて出て行ったため、それからは一人で住んでいる。間取りは1K、1984年に建てられた古い建物。家賃3万5千円はこの辺りでもかなり安い方だ。

玄関を上がると右手に台所があり、鍋や皿、フィリピンから輸入されたフィリピン料理に使う調味料が置いてある。片付けはされておらず、生活感満載だ。

左手にはユニットバスがあり、キッチンと部屋の間には白いパーティション。その奥には店用のドレスが山のように積まれている。アキは整理整頓が苦手なのだろう。

アキのベッドはボロボロのマットレス。ミカの部屋に比べるとすべてが古く、汚い。

職場から近く、安いアパートに何人かのホステスを住まわせれば安上がりだ。そのためこんなぼろアパートを選ぶことが多い。

部屋の隅の壁に3枚の写真が画鋲でとめてある。1枚はフィリピンのショッピングセンターで撮った写真。アキと60代の日本人男性が肩を寄せ合っている。もう1枚は、日本のファミレスで二人がピースサインで笑っている写真。もう1枚は、アキが日本に来た時に初めて働いたフィリピンパブで、ソファーに座った二人が肩を抱き合っている写真。どれも笑顔は不自然で、入管向けのアリバイ写真であることは明らかだ。

相手はタクシー運転手。マネージャーの子分ではなく、よく栄4丁目のフィリピンパブに出入りをしている「ベテラン客」だという。なじみ客にマネージャーが偽装結婚の話を持ちかけ、その話に乗ったのだそうだ。報酬は月5万円。ビザの更新のたびに30万円のボーナスがマネージャーから支払われるという。男はこのアパートには住んでいない。入管が来たらすぐに電話して、ここまで来てもらうことになっているのだそうだ。

「この家は友達の家で、泊まりに来ているだけって説明するようにいわれてる」

壁のアリバイ写真の意味がないが……。

だが、一緒に住もうというアキの提案はありがたかった。僕たちは金がない。普段はミカの家か車でドライブに行くぐらいだし、車で夜明かししたことも何度もあった。僕たちは会う場所が欲しかった。ミカもいつまで経ってもコクボと離れさせないナカタに腹を立て、黙ってアパートを出てアキの家に行くことにした。こうして僕とフィリピンパブ嬢二人との共同生活が始まった。

第五章　フィリピンパブ嬢のヒモになる

ミカと交際を始めてから半年。僕たちはアキのアパートで共同生活を始めた。彼女たちの「朝」は遅い。アキとミカが起きだすのは夕方5時ごろだ。

料理の得意なミカが台所に入る。古冷蔵庫に、近くのコンビニで買ってきた野菜や鶏肉、ひき肉などの食材が入っている。お客さんに買ってもらったフィリピン調味料もある。

ミカはこれで、「アドボ」や「シニガン」をつくる。アドボは豚肉や鶏肉を醬油と砂糖で煮込んだ料理。シニガンは、野菜と肉やエビが入っている酸っぱい味のスープだ。フィリピンの調味料がなければ、キャベツとタマネギに塩コショウしただけの野菜炒め。

盛り付けは日本料理とはずいぶん違う。ご飯やおかずを一品ずつ皿に盛り付けるのではなく、一つの皿にご飯とおかずを一緒に盛り、それを指で混ぜながらつかんで食べる。

「ミカの料理は本当においしい」

アキはミカの料理を褒めちぎる。たしかにミカの作る料理はおいしい。アドボは肉が柔らかく、甘辛い醤油の味が肉の中まで染みている。シニガンはチンゲン菜や、オクラなどの野菜が入り、肉やエビがゴロゴロと煮込んである。毎日、豪華な料理が出てきて驚いた。

食材が少ないときでも、ミカは冷蔵庫の中の残り物だけでさっさと料理を作る。味付けもいい。油っこいフィリピン料理が続いてげんなりしてきた頃には、油をおさえ、薄い味付けの料理をつくってくれる。

「私のお母さんの料理はとてもおいしいの。私の料理がおいしいとしたら、それはお母さんのおかげ」

6時になるとアキがシャワーを使う。トイレと風呂が一緒になったユニットバス。僕がいるため、アキはパーティションで仕切られたキッチンで着替える。アキの着替えがすむと、僕とミカの番。排水口からは悪臭がしてくる。

シャワーが終わると、二人は携帯電話で客に営業メールを送り始める。「おはよう。元気？　会いたいよ。愛してるよ」

よく店に来てくれる常連客には電話をする。僕は彼女たちの仕事の邪魔にならないように黙って聞いている。

「もしもし。おはよう。今起きたよ。今日も会いたいな。お店で待ってるね」

電話がすむと、髪にドライヤーをかけ、アイロンでまっすぐに伸ばす。続いてお化粧。顔にファンデーションを塗り、眉毛を描き、アイラインを引き、口紅を塗る。最後に香水を付けて準備完了。

19時30分になると、アキの家の下に送迎のワゴン車が来る。運転しているのは店長。ナカタの子分だ。

「いってきます」といって二人は出ていく。アキが「部屋の電気がついてるとマネージャーが消しに来るから、電気はつけないでね」と囁く。取り残された僕は、パソコンを開いて修士論文にとりかかる。図書館よりずっと静かだ。

ある日、パソコンの画面のゴミがささっと動いたので驚いた。目をこすって見直すと、ゴミではなかった。小さなゴキブリ。暗闇に目が慣れてくると、壁や鏡にゴキブリがいっぱいいるのが見えた。こっちはでかい。部屋の中をチェックしなおした。マットレスの上にもいる。台所の床は一面だ。冷蔵庫の中にまでいた。

コンビニに走って殺虫スプレーを買い、部屋中にまきちらしたが、いっこうにこたえない。結局、明かりもつけられないゴキブリだらけの部屋で、パソコンとにらめっこしながら、二人が帰ってくる午前3時過ぎまで待つだけの生活に突入した。

午前3時すぎ、ミカからメールが入る。

「今から帰るね。何食べたい？」

僕は「フィリピン料理が食べたい」とリクエストする。

3時30分、家の下でワゴン車のドアの閉まる大きな音がして、コッコッと二人分のヒールの足音が近づき、ガチャリと扉が開く。

「ただいま」

ミカの声とともに、やっと部屋の電気がつく。「ほら！」、アキがビニール袋を差し上げてみせる。５００円で買ったフィリピン料理の弁当。

フィリピン人の多い栄4丁目では、フィリピン料理レストランはもちろんのこと、電話一本で店にフィリピン料理を届けてくれるデリバリーサービスもある。アキはそれを買ってきたのだ。ミカと僕の二人の分の弁当代を払おうとすると、アキが手を振った。

「いらないよ。あなた学生、お金ないでしょ。私は働いてる。お金持ちなの」

お金持ちといっても、給料はこの頃でも月7万円だ。それにお客さんからのチップ、ドリンクバックを足して、せいぜい月に10万円ちょっと。その給料から半分ぐらいはフィリピンの家族に送金している。そこに僕という食事つきの居候。せめて弁当代ぐらいは、といっても彼女たちは受け取ろうとしない。

営業用のドレスからTシャツ短パンに着替え、わいわいと食事。食べ終わると、ビデオで映画を見る。僕が二人のリクエストを聞いて借りてきたDVDだ。二人ともホラー映画が好きで、できるだけ怖そうなものを選んで借りなければならない。

時間は午前5時。外は暗く、周りはまだ寝ている時間だ。でもそんなのはおかまいなしに二人ともキャーキャー叫んでいる。どれだけ叫んでも周りから苦情が来たことはないという。アパートのほかの住民に会ったことはないが、同じような生活パターンのフィリピン女性たちばかりらしい。

外が明るくなり始めた午前7時、二人は化粧を落としただけでシャワーは浴びずに寝る。ミカが真ん中の川の字で。そして夕方5時頃に起きだし、また仕事に行く。その繰り返しだ。

「毎日、本当につまらないよ。仕事と部屋の往復だけ。休みの日は、ただ寝てるだけ。

どこにも行けない。電車やバスの乗り方もわからないし」

外出は「逃げない」と確信されるまで、制限されている。行動範囲は徒歩で5分ほどのコンビニかスーパーのみだから、日本に何年いても電車の乗り方ひとつ覚えられない。

一緒に生活しているおかげで、色々な愚痴を聞くことができた。

ある日、二人が仕事から帰ってくるなりバッグを放り投げた。

「もう、本当にムカつく！」

聞くと、ママがえこひいきばかりしているらしい。

「自分のかわいがってる女の子には初めてのお客さん紹介するのに、嫌いな子には絶対に紹介しない！」

店のママはフィリピン女性で、偽装結婚斡旋組織の中心人物であるサイトウの妻だ。

今日、客引きが新しい客を案内してきた。しかしママは、その客をミカとアキに紹介しなかったのだという。自分を指名してくれる客をつかむには、新規の客にどれだけ自分を売り込めるかが勝負だ。にもかかわらずママは、サイトウが連れてきたホステスばかりに新規の客を紹介するのだという。

愚痴は、自分たちの契約や生活に対する不満より、仕事の上でのフィリピン女性同士の陰口の方が多かった。同じフィリピン出身の身の上なのに、客を取った取られたという恨みつらみなのである。人間は大きな悪より、仲間同士の憎しみのほうに目が向くようにできているのかもしれない。しかし彼女たちにとっては、自分たちの売上に関することが最大の問題であるのは事実なのだ。

「なんであの子、私のお客さんに自分の電話番号教えてるの！」

「私のお客さんのヘルプで入った女の子、知ってるでしょ。あの子、お客さんに、今度は自分と外で遊ぼうって誘ったんだって！」

同じ店で働くホステス同士は、ときには客を奪い合う敵になる。契約がないフリーのホステスなら、店を自由に変えられる。気の合わない同僚ホステスがいてケンカになったら、別の店に移ればいい。だが契約が残っているホステスはそんな勝手なことはできない。店でトラブルを起こして他のホステスと対立したら、契約が終わるまでみんなから目の敵にされる。

彼女たちの話を聞かされる僕は「それはひどい」「君たちは間違ってない」とあいづちを打ち続けた。違う意見をいったところで何も変わらないし、現場を見ていない僕が口を出すことはできない。とにかく、彼女たちの愚痴を聞いてあげることが大切なのだ。

喋るだけ喋ってしまえば彼女たちはすっきりし、キャーキャーいいながらホラー映画の世界に入っていく。

大学院の講義や課題、アルバイトのない日はほとんどアキの家で過ごしていた。アキの家に泊まる日は、週に二日、三日と、しだいに増えて行った。

突然のマネージャーの訪問

アキの家に転がり込んで半年が過ぎた頃、アキがフィリピンに2週間の里帰りをすることになった。

「私が留守の間、アパートは自由に使っていいよ」

アキはそういって鍵を渡してくれた。

偽装結婚のホステスは、契約で年に1回、2週間の帰国を認められている。もちろん航空券代は自分で払わなければならないし、給料も減らされる。それでも彼女たちは、年に一度の帰国を楽しみに1年間、頑張って仕事をするのだ。ミカといっしょに車で中部国際空港に送っていくと、アキはこれ以上ないといった笑顔でフィリピンへと飛び立っていった。

アキがいなくなると、アパートはミカと僕の新婚所帯のようになった。アキの家から大学院まで通学し、終わるとアキの家に帰ってきた。

ミカと出会って1年。はじめはマネージャーの目を盗み、おびえながら会っていたが、この頃には警戒もゆるみ、当たり前のようにミカとの共同生活を続けていた。

そんな暑い日の昼ごろ。ミカと二人で寝ていると突然、玄関で音がした。ガチャリと鍵が開く音。続いてドンと大きな金属音。ドンドンドンと、立て続けにドアをたたく音がする。ドアチェーンをかけていたため、鍵は開いたがドアが開かないのだ。

「誰か来たよ！」僕はミカを揺すって起こした。

ドンドンドン！

「だれ？」とミカ。そっと起きて扉に行き、外を覗いた。慌てて戻ってくる。

「アキのマネージャーが来た！」

僕は急いで服やパソコンを抱えて押入れに隠れた。裸のままだ。

ミカがゆっくり扉を開ける。「何をしてるんだ？」と低い男の声。

アキのマネージャーは、サイトウの偽装結婚組織の一員だ。以前、アキにマネージャーの写真を見せてもらったことがある。色黒で白髪まじりの角刈り、口ヒゲを生やし、まさに組幹部という感じの男だ。年齢は60代。ホステス一行の川遊びのときの写真を見たことがあるが、背中には一面に龍の刺青が彫られていた。

「ごめんなさい。アキちゃんがフィリピンに行ってる間、ここの家使わせてもらってたの。アキちゃんにお願いしたの」

ミカは懸命に言い訳をしている。

「男、連れてきてないか？」

ドキッ。真っ暗な押入れの中で体が固まった。

「連れてきてないよ」ミカの声は小さく、震えている。

マネージャーが靴を脱いで上がってくる音がした。声がゆっくり近づいてくる。そして足音が、押入れの前で止まった。

どうしよう。襖を開けられたら見つかってしまう。しかも真っ裸だ。言い訳も何もない。襖が開いたら、全裸のまま土下座をして謝ろう。いや、それとも開けられる前に外に出て謝ったほうがいいだろうか。頭の中がぐるぐる回り始めた。脇の下を汗が伝って流れる。

マネージャーは携帯で電話を始めた。自分のフィリピン人の妻と話しているようだ。

やがて、その電話をミカに渡した。ミカはタガログ語で何か説明をし、何度も謝っている。

電話を切ると、マネージャーが「あんたのマネージャーにいうからな」といった。

「それはやめて。ごめんなさい」

ミカは何度も謝る。マネージャーが何かいったが、声は笑っている。どうしたんだろう。僕がいることはばれてしまったんだろうか。

アキのマネージャーはナカタとも面識がある。ミカが他のホステスの家に、しかも男といっしょに住んでいるといわれたら、ナカタはどうするだろう。ミカはとんでもない目にあわされる。

アキのマネージャーがまた笑い声を出した。「今回は許すから早く自分の家に帰りなさい」ゆっくり出て行く足音。ミカが送っていき、何か小声で話している。そして玄関のドアが閉まった。

ミカが襖を開けたとき、僕は冷や汗でこれ以上ないくらいびっしょりになっていた。

「もう少し待ってて。あと5分したら私、外にマネージャーがいないか確認しに行くから」

5分後、ようやく外に出られた。

「大丈夫だった？　マネージャー怒ってなかった？」

「大丈夫だったよ。怒ってなかった」

力が抜けていく。

「僕がいたことバレたかな？」

「うん。バレてた」

帰る時、マネージャーは「男の靴、見たからな」といったそうだ。

マネージャーは僕がいたことをはじめから分かっていたのだ。それで部屋の中までできた。きっと押入れにいることも分かっていたのだろう。

こんどは一気に汗が引いた。何事もなかったのは、マネージャーの「武士の情け」だったのだ。あの時押入れを開けられていたら、僕はどうなっていたのだろうか。

ミカと交際して一年。彼女たちと付き合うことは危険と隣り合わせだということは、頭では理解しているつもりだった。だが何事もなく今まで過ぎてきたため、緊張がゆるんでしまっていた。今回の件で、彼女たちの後ろには暴力団関係者がつねに目を光らせているのだということを改めて実感した。

僕は、もう一度ミカに外を確認してきてもらい、小走りでマンションから出た。震える手で車にキーを差し、久しぶりに家に帰った。

先輩になる

その翌月の10月。「K」が閉店した。

3人の共同オーナーのうちの、偽装結婚組織の中心人物であるサイトウは、同じビルの4階に新しい店を開き、ナカタとタカハシは違うビルに「D」という店を出した。どちらの店も「K」より狭く、かなり見劣りする感じの店だった。

偽装結婚という非合法手段でホステスを獲得しているフィリピンパブは、アシがつかないように閉店、開店を繰り返すのが常だ。

「K」に在籍していたホステスたちも、それぞれのオーナーについて分かれた。アルバイトのホステスは、仲のいい同士でどちらの店に移るか決めた。ミカはもちろん自分のマネージャーであるナカタの店に行った。他のアキたち10人のホステスは、サイトウの店に移った。

ちょうどその頃、ミカの家がかわった。

これまで、偽装結婚相手の部屋から早く出たいとナカタに催促していた。しかしナカタは「もう少し待ってくれ」としかいわなかった。それがやっと実現したのだ。今度もコクボと同居だが、2DKの間取りで、部屋が別々になるのだという。

新居は、以前の家から1キロほど離れた場所だ。引っ越す二、三日前から大きな荷物は引越し業者が、小さな荷物はコクボと店の従業員たちが新しい家に運んだ。

引っ越した日の朝8時、ミカから涙声の電話が来た。

「私、この家住めない」

朝の通勤ラッシュの中、新しい家まで車で急いだ。

鉄筋コンクリート造り6階建ての大きなマンションだが、かなり古い。ベランダの手すりは茶色く錆びており、マンションの入り口にはマットレスやスーツケースが捨てられたまま放置されている。

年季の入ったエレベーター。ミカの部屋は5階だ。携帯で連絡をすると、ドアがギギギと音を立てて開いた。

間取りは2DK。これまでの倍ぐらいに広い。玄関を上がると、5畳ほどのダイニングキッチン。引っ越したばかりなので、まだ手つかずのダンボール箱が置かれている。

奥に進むと、6畳間に見慣れた黒い大きなベッドがある。コクボの部屋だ。中に入ってふすまを開けると、隣の6畳。これがミカの部屋となる。ミカの荷物が置いてある。

間取りは広いが、築40年以上は確実だ。家賃は4万4千円。このあたりの相場より、2万円は安いだろう。

古いだけあって、風呂は狭かった。そしてトイレは和式。ミカは「こんなところ住めないよ」と泣いている。しかしどうにも出来ない。「大丈夫、すぐ慣れるよ」と慰めるしかなかった。

引っ越してから2ヵ月ほど経った12月のある日、ミカの部屋に2段ベッドが運び込まれた。フィリピンから新たにホステスが入ってきたのだ。ミカにとって初めての後輩だ。ナカタとタカハシが共同でマネージャーをつとめるのだそうだ。そして1月、また一人ホステスがやってきた。

2月、ナカタとタカハシは再び店をかえた。「H」という店だ。その月末、コクボがやっと家を出て行った。部屋はフィリピン女性三人だけの共同生活となった。

西も東も分からない後輩たちに、ミカは客との通訳や、日本語でのメールの文章の打ち方、どこで食材を買うかなどを教える。食事も食費を出し合い交代で料理を作る。

若いホステスが「私、フィリピンに帰りたい」と泣き出すこともある。そんな時は「大丈夫。すぐに慣れるから。心配しないで」と励ます。ぼろマンションや和式トイレのことなどで文句を言うこともなくなった。

気がつけば、ミカと交際して一年半がすぎていた。出会った頃はまだ日本語もたどたどしかったミカだが、今ではもうペラペラだ。ホステスとしての仕事にも慣れ、ミカを指名する常連客も増えた。売上も上げ、ノルマもペナルティーもそつなくクリアしている。

僕ははじめ、日本に出稼ぎに来るフィリピン人ホステスは金もうけのことしか頭にないのだと思っていた。だがミカは余裕があった。町に連れて出ると、日本人の女の子を見て「あの子の化粧の仕方可愛い」「あの服可愛いね。フィリピンにはないよ」と、化粧の仕方やファッションに関心を示した。もちろん送金は最優先だが、その残りの少ない金を貯めては化粧品や服を買って喜んでいる。

ミカと過ごしていると驚かされることが多かった。

外出の自由が制限されている契約ホステスだが、友達の誕生日には、仕事が終わった後、家に集まってパーティーを開く。もちろん時間は午前4、5時。それでもみんなそんなのはおかまいなしに缶ビールを片手に大きな声で笑っている。僕もそんなときには招待される。彼女たちと過ごす時間はすごく楽しかった。

僕の誕生日には、ミカとアキから「絶対に時間を空けておいてね」といわれた。

当日、ミカは休みを取ってくれた。朝早くから、誕生日パーティーのためにフィリピン料理を作った。昼からは買い物デート。夜のパーティーで食べる焼肉用の肉を買う。フィリピンでは、誕生日の本人がみんなのために料理を用意するのだという。ミカはこの日のためにお金を貯めていた。フィリピン料理の食材や肉など、買い物代は全部ミカが払ってしまった。「あなたが払ったってみんなには言ってあるから」と。

深夜3時過ぎ、仕事を終えたアキの家に行く。アキの家には、つぎつぎと友だちが集まってきた。10人ぐらいになった。みんな偽装結婚のホステスたちだ。初めて会う女性もいた。初対面の人に誕生日を祝ってもらう。これもフィリピンスタイルなんだろう。アキは僕にプレゼントを買ってくれていた。そしてみんなが「おめでとう！」と乾杯。時間は午前4時。みんなで、パブで起きた珍事件のあれこれを打ち明ける。

話が合わない客とぶつかったときは——客にカラオケを歌わせておく。

都合が悪い話になったときは——日本語がわからないふりをする。

毎日、自分の男性自身の画像をメールで送ってくる客には——立派ねえと褒める。身振り手振りのそんな話が次々に飛び出し、僕は大笑いをした。

誕生日会が終わってみんなが帰ったのは朝8時すぎだった。アキとミカと僕の三人で後片付けをしながら、僕はすごく嬉しかった。

ホステスの多くは日本で恋愛もする。彼女たちの出会いの場所は店しかない。彼氏になるのは僕のように客として出会うか、同じ店で働く男性従業員、フィリピン人客引き、中には自分のマネージャーと交際しているホステスもいる。

日本人の彼氏がいるホステスから、相談をもちかけられるようになった。

「私の彼氏、浮気してないかな」

「毎日、彼氏とケンカばかりしてる。どうすればいい？」

僕とミカは、ホステス仲間に認められたカップルとなったようだ。

彼女たちも、日本での仕事や生活に慣れて余裕ができると、ファッションや食事を楽しみ、そしてパートナーを見つけ、プライベートな生活を楽しむふつうの若い女性になるのだ。そんな彼女たちを「搾取されるかわいそうなフィリピン人」という図式だけで見ようとしていた。

ミカに「ホステスは大変じゃないの?」と聞いたことがある。

「それは大変だよ。売上ノルマとかペナルティーもあるし、毎日仕事だからね。でも幸せだよ。だって仕事あるじゃん、フィリピンは仕事ない。それにあなたがいるから幸せ。毎日、楽しいよ」

売上を上げているホステスには、マネージャーもある程度、自由を認めている。でもホステス全員がミカのように順調に日本で過ごせるわけではない。フィリピンパブ常連のクロダさんは、僕たちのことを「こういうのは珍しいんだぞ。一歩間違えばミカもペナルティーだらけになって別れさせられる。殺されてもおかしくないんだぞ」といっていた。ミカは「あなたと付き合っていることを文句言われないように、私はすごく頑張ってるよ」という。

ミカは僕と付き合ってから、毎月、ノルマ以上の金額を売り上げていた。

だがホステスの中には当然、売上の上げられない者もいる。仕事や日本語に慣れることができない。客がつかず、何ヵ月も売上を上げられない。マネージャーへの罰金ばかりが積み重なる。ある日、突然姿を消すこともある。ホステス同士で「あの子逃げたね」と噂になるそうだ。

昨日まで一緒に働いていた同僚が逃げたことに、ショックはないのだろうか。

「そんなん、しょっちゅうだよ。別にびっくりすることじゃない」

ミカの話を聞くと、ホステスの逃げる理由は様々なようだ。売上が上げられなかったりマネージャーが厳しかったりして、辛くて逃げる。だが、日本に姉妹がいて別の拠点を持っているか、または日本人の恋人ができるかして手伝ってくれなければ逃げるのは難しいという。

2007年頃まで栄4丁目でフィリピンパブの店長をしていたある男性はこういう。

「マネージャーは自分のホステスに男がつかないようにしてますね。だから同伴以外は外で会わせなかったり、店が終わったら送迎の車に乗せてすぐに家まで送る。あんまり客と仲良くしすぎると逃げちゃうかもしれないでしょ」

しかし、もし恋人ができて逃げたとしても、偽装結婚が解消できないため、恋人と結婚することはできない。ビザが更新できない。逃げたホステスには厳しい道しか残されていない。だから、マネージャーの言う通りにするしかない。東京や北海道に行かされても、ノルマ、ペナルティーが厳しくても、誰にも訴えることはできない。自分が「偽装結婚」という違法行為を犯してしまっているのだから。

そんなことを考えていたため、僕の頭の中には「フィリピンホステスはかわいそうな人」というイメージができあがっていた。しかしミカは「偽装結婚・出稼ぎホステス」という身分の中で生き生きと暮らしている。そんな姿に惹かれた。そして次第に尊敬するようにもなった。それどころか、いつしか助けられる方が多くなっていた。

「これからちゃんと就職できるか心配なんだよ」

「論文も書けるかわからないし、卒業できるかもわからない。どうしよう」

大学院2年生。本格的に論文を書かなければいけない。卒業できるのか、就職はどうするのか、将来のことを思うと不安で押しつぶされそうになり、何度も弱音を吐いた。

するとミカは、決まってこういう。

「大丈夫。日本はいっぱい仕事があるじゃん。そんな給料高い仕事じゃなくてもいいよ。毎日、ご飯を食べれて、家族が笑顔で幸せならいいよ。心配しないで、あなたならできるから。なんでもできるから」

第六章　母は絶対に会わないと言った

全員反対

ミカと交際していることを知った人たちの反応は、冷やかなものばかりだった。大学時代の友人も、高校時代の友人も、みな、憐れむような顔をした。

「フィリピンホステスとつきあうなんてやめとけよ。騙されてるんだぞ」

「日本国籍が目的なんだ」

「金目当てだと思うよ。たかりつくされる前に早く別れたほうがいい」

彼らがそういうのは理解できないではなかった。僕も、大学のゼミで在日フィリピン人女性たちに出会うまで、フィリピン人ホステスは金のためなら何でもするぐらいに考えていた。

しかしミカは違う。そのことが理解してもらえない。それは当然といえば当然なのかもしれない。

ミカとの交際に反対したのは、友人だけではなかった。

2011年9月下旬。指導教官と大学の学食でランチを食べた。ミカと付き合い始めたばかりの頃だ。フィリピンパブに通って調べた結果を簡単に報告した。

「若いフィリピン人女性たちが、興行ビザが規制された後、どうやって日本に来ているか判りました。彼女たちは今、偽装結婚によって日本に来ています。背後には暴力団が絡んでいるようで、彼女たちはヤミ契約によって縛られています」

「安い給料、少ない休み、そして外出の制限までされています。しかし偽装結婚という違法行為をしているために、警察や労働基準局に訴えるわけにいかない。そんなことを研究テーマにしたいと思います」

教官はカウンターからパスタを運んできた。食べながら、興味深そうに話を聞いている。僕はつい調子に乗ってしまった。

「それで、調査で会った女の子と付き合うことになったんです。偽装結婚でやってきてフィリピンパブで働くホステスです。彼女の周辺を調べて行けば研究が進むと思います」

　そのとたん、教官は「ちょっと、あなた！」とフォークを取り落した。

「付き合っている？　付き合ってるってどういうこと？　そんなこと、すぐにやめなさい！　危険すぎます！　そんなこと研究テーマにできません。そんな子とは早く別れなさい！」

　その翌週、春日井市で開かれたフィリピン女性の集会で、マニラの実家に連れて行ってもらった「フィリピンのおばさん」であるマリアさんに会った。

　同じフィリピン人で元ホステスでありながら、マリアさんも驚いたようだ。そんな子と付き合うなんて危ないよと、教官と同じことをいった。

「私も夜の仕事していたからわかるの。夜の女の子の中にはお金のことしか考えてない子が多い。お金のためなら何でもやる」

「ああいう子たちは、好きよとか、愛しているとかいうよ。でもそれは口先だけ。本当はお金のことしか考えていない。しかもヤクザと繋がっているなんて、なおさらよ。付き合ってるのが分かったら、ヤクザに何をされるかわからない。早く別れたほうがいい」

僕だって、ミカと知り合う前だったら、フィリピンホステスと付き合っている友人に同じことをいったろう。でも、何も知らない日本人ならともかく、フィリピン人の問題を研究してフィリピン人出稼ぎのことがよくわかっている指導教官や、同じフィリピン人であるマリアおばさんから反対されたことは、かなりショックだった。

母の猛反対

そしてミカとの交際に誰よりも反対したのは母だった。

実は母にミカとの交際を告げたのは、交際のかなり早い段階だ。ミカが僕の家に初めてパソコンを使いに来た日だった。

ミカはその日、車で迎えに行くと、アパートから出てきて嬉しそうな顔をしながら、「これあなたの家族のためにつくったの」と紙袋を差し出した。中を見ると、タッパーに詰められたスパゲティー。僕はミカのことを家族に気付かれまいとかなり気を使っているのに、何を考えているんだろうとびっくりした。とにかく、タッパーのスパゲティーは台所のテーブルに置いておいた。

その夜、ミカを送り届けて家に帰ると、母が帰っていた。母はにやにやしながら「これどうしたの?」とタッパーを指差した。

「彼女からもらったよ」

「え、彼女できたの? どんな子?」

母はしつこく聞いてくる。ミカのことはいずれ家族に話さなければいけないと思っていたので、思い切って答えた。

「フィリピン人。フィリピンパブのホステス」

とたんに母の笑顔は消えた。僕はミカのことを話した。

「偽装結婚して日本にきた。今はマネージャーとの間に契約があって、自由がかなり制限されているみたい。マネージャーは暴力団関係者らしい。でも安心して。家族に迷惑はかけないから」

母はがくんとテーブルに突っ伏した。

「あんたがフィリピンのことを調べているのは知ってた。だからいろいろ応援もしてあげてたし、大学院にも進学させたのに……。ああ、恩を仇で返された!」

恩を仇。

大学4年間で4回フィリピンに行った。しかしアルバイト代だけでは旅費をまかなうことができず、両親に援助もしてもらった。就職せずに大学院に進学すると言っても、両親は「やりたいことがあるなら応援する」といってくれた。

その息子が連れてきた彼女がフィリピン人。それもフィリピンパブのホステスで、偽装結婚しており、暴力団との繋がりもある。ショックを受けるのも無理はない。

しかし、ミカは悪い人間じゃない。イメージだけで決めつけず、いちど会ってほしい。彼女の人柄を見てから賛成するか反対するか決めてほしい。僕はそう言った。

「絶対に会いません！」

母はそう言うと台所を出て行ってしまった。

父はサラリーマン、母はパート勤め、自宅は一軒家、日本では平均的な家庭だろう。父と母が経験した外国といえば、新婚旅行のオーストラリアだけだ。英語はまったくダメ。外国人に知り合いはいない。ショックを受けるのは当然だろう。

そんな状況を、なんとか打開しなければならない。

「家族に会わせないとダメ」

僕は作戦を立てた。ミカとの交際を隠すのはやめにする。とにかくミカを積極的に周囲の人々に会わせるのだ。そうすればミカの優しい人柄を理解してもらえる。それについては自信があった。そしてそれは、ミカと日本人の「味方」を増やすことに繋がる。マネージャーとの契約で自由な時間が取れないミカにとって、日本人の友人をつくるのは困難だった。仕事場への往復だけの生活では、とても無理な話だ。一人でも多く知り合いができれば、悩みやファッションの話など、仕事以外の相談ができるかもしれない。何か問題が起きた時に頼れるかもしれない。僕自身がフィリピンに行ったとき、同年代の友人たちからいろんなことを学び、助けてもらったように。

この作戦は大成功だった。

2012年1月下旬、ミカを大学に連れて行った。午後3時頃、学食で大学院の同級生にミカを会わせた。

同じ院生のカナコはミカに会うと、すぐハグをした。

「エーッ、この子がうわさの彼女？　可愛いじゃん！」

カナコに、ミカと付き合っていることを話したのは、夏休みが終わった9月の中旬だった。ミカがフィリピンパブのホステスで偽装結婚しているということを話すと、カナコは目を輝かせた。

「エーッ、すごい面白いじゃん！　彼女に会わせてよ！」

彼女は大学院で中国文化を研究している。中国語ができて外国人の友達が多い。だからことさら理解があったのかもしれないが、周りから反対の言葉ばかり聞かされていた僕にとって、カナコの言葉は飛び上るほどうれしかった。

ミカはカナコに、片言の日本語で自己紹介した。

「はじめまして。まだ日本語わからないけど、よろしくね」

二人はゆっくりした日本語で話し始める。

「あなたの目、可愛いね」

ミカはカナコの目のつけまつ毛を興味深そうに見ている。

「これ初めて見たの？　安く売っているよ」

カナコはミカに化粧の仕方などを教えている。笑い合い、楽しそうだ。

ミカは帰り道、大はしゃぎだった。

「はじめて日本人の女の子の友だちできたよ！」

カナコとミカはそれから何度も会った。そのたび、化粧の仕方や服のコーディネート、そして僕をこきおろしては盛り上がっていた。

指導教官にもミカを会わせた。

授業が終わった後、「一度彼女に会ってください」と頼みこんだ。場所はやはり学食、一緒のランチ。教官はミカと、フィリピンの家族の話や、学校の話をしている。遠慮しているのか、ミカの仕事についてはちっとも聞かない。僕は先生に、仕事やマネージャーとの関係について訊いて欲しいといった。

先生は「仕事はどんなことをするの?」と質問した。すると、ミカは日本に来た経緯や、偽装結婚するまでの話、仕事のノルマやペナルティーなどについて話した。

「それであなたはつらくないの?」

「大丈夫です。今は幸せです」

ミカはそういって、笑顔で僕を見た。

その3日後、先生に会った。

「あんな小さな体の子が、偽装結婚とかマネージャーとの契約とか、たくさん問題を抱えて……。それをちゃんと乗り越えてるなんて、信じられない」

先生もミカの人柄に好感を持ったようだった。

指導教官や友人にミカを会わせた次の週の日曜日、ミカを春日井市の教会に連れて行った。目的は二つ。ミカはカトリックだが、日本に来て以来、教会に行っていない。そのミカをミサに参加させてやること。そして、「フィリピンのおばさん」マリアさんにミカを紹介することだ。

朝が早くてまだ人が少ない教会の中で、マリアさんにミカを紹介した。するとマリアさんは「ちょっとこの子と話するね」といい、離れた椅子に二人で座った。マリアさんはミカの手を取り、タガログ語でなにか話している。僕のところまでは聞こえない。10分ほどすると、ミカが手招きした。僕がミカの横に座ると、マリアさんは僕の頭をなでた。

「ミカは優しい子よ。同じフィリピン人だからわかる。彼女を幸せにしてあげてね」

交際に反対していたマリアさんがそういった。ただマリアさんは「あなたの家族はどうなの？」と心配そうだった。

卒業論文の調査で、春日井市に住むフィリピン人のおばさんたちに日本での生活についての話を聞いていると、「結婚しても夫の家族とうまくいってない」と悩みをもらす人が多い。夫側の家族が、フィリピン人との結婚や、妻がホステスをしていたということに嫌悪感を抱いているのだという。

「夫の家族と仲良くしたいんだよ。でも、会ってもくれない。夫も親族から縁を切られてるから、会えないんだよね」

夫側の親族と会えないというフィリピン妻は多く、さびしそうだった。

もうひとつ、フィリピン人妻が日本で直面する困難は子育てだ。学校の仕組みがわからない。日本語の読み書きが不自由なため、子どもが学校から持ち帰る宿題や、連絡の書類が読めない。

子どもが学校で「混血！」などといじめられる。それにどう対処したらいいか、誰に相談すればいいか、まったくわからない。夫に相談しても「俺は仕事で疲れてるんだ。子どものことはお前の責任だ」と言われてしまう。

ミカと結婚するなら、彼女を僕の家族に受け入れてもらわなければならない。

母に何度もミカと会って欲しいと頼んだが、反応は冷たかった。

「会えるわけないでしょ！　家族に迷惑かけないでよ。早く別れなさい！」

だが、断られても断られても、母に頼み続けた。ここで折れるわけにはいかない。毎日、毎日、何度も何度も頼んだ。

ある夜、風呂を出ると、母がリビングで家計簿をつけていた。目があった。母は、

「なんでそんなにフィリピンのことが好きなの？」と唐突に尋ねてきた。

「うーん。なんでだろう？　初めて行ったフィリピンで今まで自分が知らない世界がこんなにも沢山あるんだ、と思ったからかな」

フィリピンで感じたことや、そこで出来た友人たちから受けた優しさ、「フィリピンのおばさん」マリアさんたちのこと、そして、ミカのこと――。

僕の話を聞き終えた後、母はいった。

「会うだけだよ。会っても、私は口を利かないから」

それから一週間後、ミカを家に連れて行った。スパゲティーのタッパーが見つかってから半年後のことだ。

朝、アパートまで迎えに行く。助手席に座ったミカは不安そうな顔をしていた。

「お父さん、お母さん、私のこと大丈夫かな？　だってフィリピンパブで働いてるでしょ。恥ずかしいよ。内緒にしたほうがいい？」

「内緒になんかしなくていいよ。もう話してあるから」

どんな結果になるか、僕自身わからない。しかしミカに不安を与えてはいけないことは分かっていた。とにかく、ミカの優しさや人柄に接すれば、母だって少しは考えが変わるにちがいない……と思うしかない。

家に着いた。玄関で、ミカは細かく震えている。緊張しきっているらしい。奥から母が出てきた。ミカがおじぎしていった。

「こんにちは。初めまして。ミカです。コウショウの彼女です」

コウショウは僕の名前だけど、そんな自己紹介って！

母も挨拶。

「はい。いらっしゃい。何もしてあげられないけど、どうぞ上がって」

母は笑顔だが、目は笑っていない。しかしリビングの椅子に座ると、会っても口を利かないといっていた母の方からミカに話しかけた。

「日本語喋れるの？」

「はい。少しだけです」

「そうなんだね。日本に来てどのぐらい？」

「一年と少しです。まだ短いです」

ミカと母の言葉が通じない時は、僕がタガログ語の通訳をした。

母がお茶を出した。

「お茶どうぞ」

「あ、すみません。お茶まだ飲めません」

ミカは緑茶が飲めない。フィリピンには緑茶がない。薬みたいな味に感じて飲めないのだそうだ。母は苦笑いする。僕は冷や汗だ。

母の質問が続く。

「兄弟はいるの？」

「フィリピンの家族はどうしてる？」

ミカも片言の日本語で懸命に説明する。緊張しすぎて顔は真っ赤だ。

「仕事は何してるの？」

ミカは固まった。僕の方を見る。

「全部話しなよ。フィリピンパブのこと。マネージャーとの契約のこと。日本語がわからなかったら英語でもタガログ語でもいい。全部通訳するから」

僕はそう言った。するとミカは片言の日本語で話し出した。

時間にして10分ほどだった。聞き終えると、母は「ありがとうね。ゆっくりして行ってね」と台所に立った。

とりあえず1回目の顔合わせはなんとか終わった。

父は笑顔でおやじギャグ

それからは、機会あるごとにミカを家に連れて行った。

6月、父が休みの土曜日の朝。父はリビングでコーヒーを飲みながら新聞を読んでいた。

「おじゃまします」とミカが言うと、父は新聞をテーブルに置き、笑顔で「いらっしゃい」と言った。父には、ミカを連れて行くことを母から伝えてもらっていた。

僕は父とあまり話をしたことがない。ミカと付き合っていることを話したこともなかった。父がどんな反応をするかわからなかったが、最初の頃の母のような嫌悪感は抱いてないようだ。母から、ミカの話を聞かされていたのだろう。父が笑顔だということは、その母の話があんまり悪い情報ではなかったのだと感じた。

父はミカと話しながら、つまらないおやじギャグを飛ばした。ミカは意味がわからないと思うのだが、とりあえず笑っている。僕は「もうそんなギャグはやめてよ」と笑いながらいう。父も笑う。ミカを連れてきたことで、なんだか少し家の中が明るくなったような気がした。

一連の「家に連れてく作戦」の中で気が付いたことがある。家族に受け入れてもらうにはまず母に受け入れてもらわなければならないということだ。母とミカが楽しそうに話していれば、父や弟も加わってくる。「家庭」の実力者は、なんといっても母だ。

母の日のプレゼントを買った。それまでそんなこと、僕はしたこともなかった。しかし、ミカがそうしたがっていた。花屋にいってアジサイの鉢を買い、それに覚えたてのひらがなで、「おかあさん　いつもありがとうございます」とメッセージをつけた。母は鉢植えを受け取るとにっこりした。

父の誕生日の時にはミカはハンカチを贈った。母の誕生日には小さなセカンドバッグ。僕には単なる作戦の一つにすぎなかった。しかしミカは一生懸命プレゼントを選んだ。

「お父さん、何色が好き？」

「お母さん、いつもどんなバッグ持っている？」

これは僕が立てた作戦だ。だから、ハンカチやセカンドバッグの代金を僕が払う。そういうとミカは怒った。

「これは私のプレゼントよ。だから私が払う。そんなお金あったら、あなたもプレゼント買いなさい！」

しかたなく、僕も父と母にプレゼントを買った。安いウイスキーと、小さなキーホルダー。

ミカは僕の家族のお祝い事の日には必ず、フィリピン料理を作って僕に持たせた。どの料理も具がいっぱいだ。母と弟はすっかりミカの料理のファンになり、次を楽しみにするようになった。

ミカと母を、台所で二人だけにするようにも仕組んだ。はじめは言葉が通じず、お互い違うことを話したりしていた。しかしミカの日本語が上達するにつれ、二人の笑い声が聞こえてくるようになった。ミカは少しずつ、家族に受け入れられ始めた。

「お母さんと仲良くなった気がする。私すごく嬉しい」

ある日、母がふっと話しかけてきた。

「あの子が偽装結婚してるなんてね。想像もつかないね」

そのあと母は、ぽつりぽつりと尋ねはじめた。ミカの幼少期のこと、お姉さんのこと、日本に来た経緯、日本での仕事と生活……。僕は答えたうえで、春日井市のマリアさんらフィリピンおばさんが、日本でどうやって生活、子育てをしているかを話した。母はしばらく考えて、こういった。

「私はずっと日本で生まれて育って、あんたたち二人を育ててきて、一通りのことは知っているつもりだった。だけど、世の中知らないことが多いんだね」

そして、立ち上がりながらいった。

「私はあんたのやっていることを理解できないけど、なんか一生懸命やってるみたいだから応援するわ。でもミカちゃんとは付き合うだけよ。結婚はダメだからね！」

ともかくこうして、母から交際を認めてもらった。

母に会わせてからちょうど一年目のことだった。

第七章　どれだけ金があっても足りない

フィリピンへの帰国

ある寒い夜、ミカは店から帰ると、最高にうれしそうな顔をして僕に飛びついた。2012年のクリスマス前のことだ。

「フィリピンに帰る休みが取れたよ！　3月1日から3週間！　あなたも一緒に行くんだよ。私の家族に紹介するから」

偽装結婚している契約ホステスは、マネージャーから一年に一度、長期休暇をもらい、フィリピンへの帰国を許可される。ミカはマネージャーのナカタから売上の頑張りが認められ、とくに3週間という長期の休みがもらえたらしい。

安売り航空券を買っても、マニラ往復で5万円はかかる。それはもちろんホステスの自分持ちだ。休んだ期間の給料はない。中には、休んだ月の給料が全額もらえないというホステスもいる。ひどい待遇だが、それでも彼女たちは、年に一度の帰国を楽しみに日々の仕事に耐え、金を貯めている。

僕はミカの誘いを断った。まずお金がない。いよいよ修士論文の期限が迫ってきて、バイトをまったくしていない。収入がなく、銀行預金が底をついてしまっている。それに、就職活動には失敗してしまった。来春卒業だというのに、進路も決まっていない。金なし、職なしの日本人なんか、フィリピンでは意味がないんじゃなかろうか。ミカの家族に受け入れられるわけがない。

するとミカは「大丈夫。心配しないで」といった。

「航空券代だけ出して。あとは全部、私と姉が出すから」

フィリピン行きは、姉のメイとメイの先夫との間の男の子、そしてメイの夫のタダさんも一緒だという。全5人。メイも「一緒に行こうよ」と強く誘う。とうとう断りきれなくなった。

飛行機代約5万円はバイトで稼ぐことにした。しかし、そんな短期の都合のいいバイトがすぐ見つかるわけがない。大学院の指導教官に頼み込み、2月から研究補助員に雇ってもらった。インタビュー調査やテープ起こし、資料作りなどをして、研究費から給料をもらう。月に5万円。これでやっと何とかなる。

大量の土産

帰国が決まってから、ミカのテンションは上がる一方だった。

「お土産何にしよう？　ねえ、今度の休み、お土産買いに行こうよ」

ミカが前回フィリピンに帰ったのは、来日して間もない頃で、この時は一週間の帰国だった。それ以来帰っておらず、2年ぶりの家族との再会となる。

「家族からお土産希望のメールきたよ。これ、どこで買える？」

ミカが、フィリピンの家族から来たメールを見せた。フィリピンには両親と二番目の姉、弟、二番目の姉の子ども二人がいる。計6人。その全員から、長いメールが来ていた。父は腕時計。母は18金のネックレス。二番目の姉はグッチのバッグ。弟は時計とスニーカー。二番目の姉の子どもたちからはiPadとゲーム機。他にも香水や財布など、品目が山とある。

買い物には僕も付き合うことになった。行ったのはドン・キホーテ。ここなら家電や雑貨、お菓子など何でもそろう。それにしても、こんなに買うお金、持ってるの？

「いいの。大丈夫」

次々にカゴの中に入れる。注文の品のほか、カップラーメン、チョコレート、歯磨き粉、一つや二つではなく、箱買いだ。貯めていた貯金と、客からもらったチップを全額使う。もちろん、それだけでは足りない。

ちょうどこのころ、ミカにはシバタさんという客がいた。年齢は65歳。大きなお腹にぽっちゃりとした顔立ち。僕も何度か店で見たことがあるが、七福神の恵比寿さんそっくりの男性だ。以前はレストランを経営しており、引退した今は家賃収入で生活している。妻とは10年以上前に死別し、3人の子どもはすでに独立している。フィリピンパブの典型的な常連客だ。

シバタさんがミカの客になったのは1ヵ月ちょっと前。客引きに連れられてミカの店に入り、以来ずっとミカを指名するようになった。シバタさんはミカの客の中でも一番金持ちだ。週に2、3回来て、閉店までいる。毎回シャンパンを開け、一晩の支払いは4～6万円。その上ミカに必ず2万円以上のチップを渡す。同伴もある。毎回、高級焼肉店に連れて行ってくれる。6万円のグッチの時計や、15万円もするヴィトンのバッグを買ってくれたこともある。それでいて、キスしたり体を触ったりなどのいやらしいことはしない。ミカの最上の客だ。

ミカは、そのシバタさんに、資金が足りない分のお土産のおねだりをした。シバタさんはリクエストを聞くと、そのすべてを買ってくれた。6万円の18金ネックレス、2万円のGショック時計、6万円のグッチのバッグ、1万円のナイキのスニーカー、5万円のiPadに2万円のゲーム機、他にも香水や財布など。総額は20万円以上。それだけではなかった。「おいしいご飯が食べたいだろ。炊飯器を買ってやる」と、10万円をはるかに上回るパナソニックの超高級炊飯器を買ってくれた。「米の一粒一粒がおいしく炊きあがる」という、あれだ。シバタさんが払った金は、どう見ても30万円を超している。

これだけミカに金を使いながら、シバタさんは一度も体の関係を求めたことがない。

「シバタさんは、私が『好きだよ』っていうとすぐ信じる。それでお土産も買ってくれる」

そう話すミカは逞しく見えた。しかし、こんなことをしているから、フィリピン人に対する悪いイメージができてしまうのではないだろうか。彼女たちはウソばかりつき、目先の金のことしか考えていないという評価。

そして僕はそのフィリピン人の側にいるのだ。それを思うと、少しげんなりした。

飛行機に乗り遅れる

タダさんが予約してくれた安売りチケットで大人4人、子ども1人。合計で約32万円。

当日、僕とミカは出発の2時間前に中部国際空港に着いた。ところが、姉たち一家がいない。出発の1時間前になっても来ない。僕は気が気でなく、タダさんに電話した。ちっともつながらない。

「どうしようか。先にチェックインする?」

「ダメだよ。私だけフィリピンに帰れない。姉さんたちを待たなきゃ」

30分前になってやっと一家がやってきた。

「ごめんね、遅くなった!」

姉が長男の手を引き、後ろからタダさんが大きなスーツケースを持って走ってきた。

だがデルタ航空のカウンターの女性スタッフは、「申し訳ございません。お客様をご案内するわけにはいきません」と非情だった。

僕たちは空港のベンチにへたり込んだ。

「ごめんね。荷物の準備してたら電車に乗り遅れちゃったの」

あふれる荷物をスーツケースに詰め込もうと悪戦苦闘しているうち、電車の時間を過ぎてしまったのだという。

名古屋発マニラ行きの便は毎日出ているが、安売りチケットは変更がきかない。予約した便に乗れなければ、すべてアウトだ。

ミカの顔は青白くなっていた。口もきけない。それはそうだ。金を払えばいつでもフィリピンに帰れる身分じゃないのだ。売上を上げ、真面目に仕事をしてマネージャーの覚えをよくし、それで許可をもらってやっと帰ることができる。今度いつフィリピンに帰れるかわからない。それにたくさん買ったお土産も全て無駄になってしまう。

僕とミカは電車に乗り、来た道を戻った。スーツケースと両手いっぱいの荷物がさらに重い。

さて、どこに帰ろうか。ミカはフィリピンに帰ったことになっている。

「フィリピンに帰れなかったこと、ナカタが知ったら、仕事しろいうに決まってる。せっかくの休みなのに、また共同生活に戻るなんていや」

僕は母に電話をした。

「飛行機に乗り遅れた。ミカと一緒に家に帰る。何日か家にミカを泊まらせて」

母は驚いたようだったが、「そういうことならしょうがないね」と承知してくれた。

僕の部屋に入ると、ミカはベッドの上で泣きだした。

「ずっとフィリピンに帰りたかったのに。帰れるの楽しみにしてたのに」

翌日も、ミカは一日中、部屋にこもって泣いていた。見かねた母が、ミカを呼んで自分の着物を着せた。色白のミカに、着物はよく似合った。父がカメラを持って、ミカを連れて庭に出た。母と一緒に写真を撮る。ミカに笑顔が戻った。

夕飯のテーブルはにぎやかだった。父も母もミカにフィリピンの料理、習慣などのことを聞いている。

「フィリピンってそんなところなんだ。いつか連れてってよ」と母がいうと、「はい。お母さん、今度一緒に行きましょう」とミカが笑いながらいう。

夜9時をすぎたが、誰も食卓を離れない。こんなこと、滅多になかった。食べ終わったらみんなすぐ自分の部屋に行ってしまったのに。

翌朝、仕事に行く父と母を、ミカと僕の二人で見送った。フィリピンに帰れなかったことがきっかけで、ミカと僕の家族の距離が縮まった。ミカも少しずつ元気になった。

シバタさんにたかる

飛行機に乗り遅れた2日後、フィリピン行きをあきらめかけた頃、姉のメイから電話が来た。シバタさんに航空券代を出してもらえないかというのである。

「そんなのやめときなよ。お土産だけで30万円以上出してもらっているのに、これ以上金を出させたら何を要求されるかわからないよ」

「大丈夫。何もされないよ。シバタさんに電話してみる。フィリピン帰りたいもん」

ミカはシバタさんに電話をした。もうとっくにフィリピンに行っていると思っていたシバタさんは驚いたらしい。とにかくその夜7時、ミカは名古屋駅で会うことになった。

夜7時、車でミカを名古屋駅まで送っていく。ミカの姉のメイも、夫のタダさんの車で子どもと一緒に来ていた。ミカとメイは、シバタさんの白いクラウンに乗って走り出した。僕とタダさんは駅の近くで帰りを待った。

2時間後、ミカから連絡があった。名古屋駅まで迎えに行くと、2人はニコニコしていた。

「30万円貰ったよ！」

ミカとメイは、シバタさんに高級カニ料理屋へ連れて行かれた。そこで姉のメイがシバタさんに謝った。

「パパごめんなさい。私のせいで飛行機乗り遅れたの。もう私たちもお金ないし、ミカも今しかフィリピンに帰れない。お願い、助けて」

シバタさんはため息をついて口を開いた。

「それでいくら必要なんだ」

「私とミカ、あと子どもで30万円」

「そんなにかかるのか！　まったく、しょうがないな」

シバタさんはカバンから札束を取り出し、30万円を数えて姉に渡した。

翌日、タダさんが航空券を買った。５人分で35万円。足りない分はタダさんが払ったのだが、僕ら２人もシバタさんにお世話になったわけだ。こうして予定より５日遅れで僕たちはフィリピンに行くことができた。

高級住宅街

マニラのニノイ・アキノ国際空港に着いたのは午後11時過ぎ。空港にはミカの両親が迎えに来ていた。ミカと姉が駆け寄り、抱き合う。2年ぶりの再会だ。ミカの目には涙が浮かんでいた。

ミカは、僕を両親に紹介した。

「私の彼氏。すごく優しいよ」

僕は父と母の手を取り、フィリピン式のあいさつをした。相手の手を自分の額に持っていく、目上に対する挨拶だ。そしてタガログ語で「初めまして。ミカとお付き合いしています。宜しくお願いします」といった。

すると両親は驚いた顔で「おお、タガログ語話せるのか」と喜んだ。

ミカの父は、運転手付きの大きなワゴン車を借りていた。それで自宅へ向かう。マニラから高速で2時間ほど北に向かったところにあるルソン島中部にあるパンパンガ州サンフェルナンド市だ。大都会ではないが、ジャングルの町でもない。その中間ぐらいの町。大通りは片側4車線あり、交通量は多いが渋滞するほどではない。

大通りにはマクドナルドやケンタッキーなどがあり、スーパー、薬局、レストランなども並ぶ。買い物に不便はない。

大通りを外れて路地に入る。路地の奥に、高い塀に囲まれた集合住宅があった。大きなゲート、入り口には制服のガードマン。中に入ると、同じ形をした黄色い壁の家が立ち並ぶ。約百軒あるという。フィリピンでは、こうした集合住宅は「ビレッジ」と呼ばれている。ミカの家は、その「ビレッジ」の中の一軒だった。

ゲートから入って右端の通りにある5軒目がミカの家だ。向かいの家はお医者さんだという。要するに金持ち層が住む場所。日本でホステスになれば、金持ち地区の医者と隣組になれるのだ。

ミカの家は黄色の壁の2階建てだった。長女であるメイが日本から送った300万円で買い、さらに200万円を送って改築したのだという。改築した分、周りの家よりも豪華なつくりだ。1階の外にはテラスがあり、外で食事ができるようにテーブルが置いてある。

家の床は白いタイル。ソニーの薄型テレビ、青の大きなソファー、ガラスのテーブル、オーディオ。小さなバーカウンターまである。キッチンにはパナソニックの冷蔵庫。そしてトイレには、ウォシュレットが付いていた。

2階には部屋が3つある。三人姉妹が一部屋ずつ使う。長女メイの部屋が10畳ぐらいで一番広い。大きなベッドとソファー、そしてテレビまでついている。そしてフィリピンに残っている次女の部屋、ミカの部屋と続く。次女の部屋は広さ6畳ほど、ベッドが一つあるだけだ。ミカの部屋は物置がわりに使われており、エアコンも外されている。そのため次女が部屋を空け、僕とミカがそこに泊まることになった。

2階のバスルームのシャワーは、ちゃんとお湯が出た。これは驚きだった。これまでフィリピンで泊まったホテルで、お湯が出ることはまずなかったからだ。水さえ満足に出た覚えはない。

家には、知らない女の子がいた。アミという名で、年齢は18歳ぐらい。青色のくたびれたTシャツを着た、色の黒い女の子。メイドだった。セブ島から出稼ぎに来ているのだという。

ミカの家族は高級住宅街に家を構え、豪華な家具や家電に囲まれ、しかもメイドまで雇っている。その金は、名古屋のフィリピンパブでホステスをしているメイとミカの送金なのである。

ミカの父は50歳、母は53歳。しかしミカの母は父の本妻ではなく、父は自分の実家の近くに住み、本妻はそっちにいる。そっちの家には、本妻の息子、つまりミカたちと腹違いの弟がいる。

父は洗車場を経営している。従業員は7人。長女のメイが開業資金として100万円を払った。洗車場の切り盛りは本妻の家族がしている。洗車場が儲かればそっちの家族の収入になり、赤字のときには日本のミカとメイが補う。すごく理不尽な気がするが、ミカもメイも当たり前のように受け入れている。

「お父さんの奥さんたちの家族のためって分かっていても、お父さんはこの世で1人だけだから。困っていたら助けるのは当たり前」

次女は既婚で子どもが2人いるが、夫は3年前に韓国の工場に労働者として出稼ぎに行き、そこでフィリピン女性と関係ができて子どもをつくった。それきり帰って来ず、養育費として月に約2万円を送ってくるだけだそうだ。これだけでは生活できないから、次女と子どもたちはミカたちの送金で生活している。

「家族の誰かが困ったら助けるのが当たり前なの」

すさまじい浪費

翌朝は「おみやげ配分日」となった。

スーツケースを開け、ぎちぎち目いっぱい詰め込んであるお土産を広げた。香水、時計、バッグなどを一人一人に渡す。僕はマニュアル説明係だ。炊飯器など電化製品の使い方を、片言のタガログ語で必死に説明した。

荷物を片付けた後、家族全員で近くのショッピングモールに行く。大きな買い物カートに米、コーヒー、調味料、お菓子、ティッシュ、電球などをどんどん入れていく。代金は約2万円。支払うのはミカとメイだ。2万円といえば、ほぼフィリピン人の平均月収だ。そのあとは水道代や電気代の支払い。これも払うのはミカとメイ。その日の夜は、両親と次女家族全員を連れてレストランへ。こちら5人、向こう6人で計11人。その支払いももちろん2人だ。1日だけで出費は約10万円。

ミカたちが持ってきた金は40万円。それだけあれば2週間は過ごせると思っていた。しかしこの調子では……僕は心配になってきた。

「こんなにお金使っちゃって、帰るまで足りる？」

「大丈夫。足りるよ」

次の日の早朝、僕とミカがまだ寝ている部屋に母親が入ってきた。

「お金ちょうだい」

ミカはフィリピンに着いた日、家族全員に2万円ずつ渡している。

「なんで？　もう渡したでしょ」

「あなたたちのご飯をつくるお金がいるの。市場に行くから」

「わかった」

ミカは財布から500ペソ（約1200円）を出した。すると母親は不機嫌な顔で「これじゃ足りない」という。さらに1000ペソ（約2400円）を出した。母親は部屋を出て行った。

「どうしてそんなにお金かかるの？　食材は前日の買い物で十分買ってあるはずだよ」

「わからないよ。私は何も言える立場じゃない」

またひと眠りし、昼前にリビングに降りて行くと、テーブルの上に、豚肉を醤油で煮込んだアドボ、ティラピアという白身魚の丸揚げ、大きなゆでエビが並んでいた。

母親が「おいしい？」と聞く。「はい、とてもおいしい」と答えると、母は嬉しそうな笑顔を見せた。そんな顔を見ていると、久しぶりなんだから少しぐらい贅沢してもいいのかな、と思った。

翌日の朝7時、また母親が入ってきた。

「親戚たちが来てるよ。どうするの？」

親戚たちが、ミカたちが帰ってきていると聞いて訪ねて来たそうだ。ミカとリビングに降りて驚いた。20人以上いるだろう。真っ黒に日に焼けた老若男女がリビングいっぱい、テレビでＤＶＤを見ている。歩く隙間もない。

数人がミカを見ると「元気だった？」と声をかけてきたが、ミカに知らん顔をしている人もいる。ミカは「あれ誰だかわからない」。母親によると、母方の遠い親戚だそうだ。ミカは知らん顔をしている。せっかく会いに来たんだから挨拶ぐらいしたらどうか、というと、ミカは「そんな必要ないよ。お金が欲しいだけなんだから」といった。

ミカと僕は、親戚をほったらかして近くのショッピングモールに遊びに行った。夕方、家に帰ると、親戚たちはまだいた。それどころか、人数が増えて30人ぐらいになっている。母が不機嫌な顔でいう。

「どうする。いくら渡すの？」

ミカとメイは、母親に「誰にはいくら、だれにはいくら」と告げて金を渡した。母親はそれにチョコレートを付けて一人ずつに配った。すると彼らはさっさと帰って行った。

次の日から毎日のように親戚たちがやってきた。自分の娘の写真を持って「この子を日本に行かせたい。ミカの社長に紹介してくれ」さらには「いいビジネスの話があるから30万円貸してほしい」というのもあった。

フィリピンに来て一週間。ひっきりなしに訪ねて来る親戚たち。その数は１００人を軽く超し、その全員に金を配った。そして家族は毎日、豪華な食事や外食、ショッピング。日本から持ってきた40万円はたちまち底をついた。

いつものように母が僕たちの部屋にやってきてミカに話しかけた。

「お金は？」

「もうないよ」

「じゃあ食べ物ないよ」

リビングでは母と次女がソファーに寝転び、不機嫌そうにＤＶＤを見ている。その隣で、子どもたちは「ショッピングモールに行きたい」とだだをこねる。

ミカとメイが、これからどうするか相談した。結論は、どうやら日本にいる客の一人に無心するというところに落ち着いたらしい。何とか工面の算段をつけ、次の日、ショッピングモールの中にある送金会社に行き、金を受け取った。家に帰ると母がやってきて「お金ちょうだい」ミカから金を奪うように取り、市場へ出かけた。

僕は頭が痛くなった。これじゃ、どれだけ金があっても足りるわけがない。ミカと結婚したら、僕もこうした「金むしり」の対象になるのだろうか。

間違いなく、そうなるだろう。

びくびくしながら、ミカにいってみた。

「少しは考えながら使ったほうが良いんじゃない?」

「久しぶりに帰ってきたんだからケチなことといってたらダメだよ」

考えて、はっとした。娘が日本にいる客に頼むだけで、大金が送られてきた。娘たちはいくらでも金を稼ぐことができる。家族はそう思っているのだ。どのような経緯でこの金がここにきているかなんて、彼らは知らない。知ろうともしない。

出稼ぎは「ヒーロー」

ミカは昔、日本に行くフィリピン女性はみんな売春婦だと思ったという。

「姉のメイが日本に行くまでは、そう思っていたよ。だってみんな、日本に行ったらすぐ家を建てたりしてるじゃない。そんなに稼いでいるのは体を売ってるからって思っちゃうよ」

だからミカは、日本でパブ勤めをしていることを周囲にあまりいっていない。

ある日、次女が押し入れから昔の写真を出してきた。写真の日付は2003年6月。まだ幼さの残る長女のメイが写っていた。名古屋のパブで撮った写真で、短いスカートのセクシーな格好をしている。

「私も日本に行きたい。姉たちみたいに稼ぎたい。日本は町がとてもきれいだし、仕事がたくさんあるっていうから」

父親とビールを飲んでいたときのことだ。父親が酔って語り始めた。

「海外に出稼ぎに出るフィリピン人のことを、この国ではヒーローと呼んでいる。この国は出稼ぎの人たちの送金で成り立っている。おれは娘二人を日本に送ったことを誇りに思っているんだ」

たしかにフィリピン人は出稼ぎが多い。中東の産油国では、建設労働者、タクシー運転手、ハウスメイドなどの下働きのような仕事はほとんどフィリピン人だ。しかし、日本ではパブのホステスが多い。ミカがどんな仕事をし、どんな家に住み、どうやって送金しているのか、あなたは分かってるのか。僕は腹が立ってきた。

「誇りに思っているというんですか？　お姉さんのメイは他人のパスポートで不法入国

して働いてきた。ミカは偽装結婚して日本に行き、厳しい契約に縛られている。金持ちの国で働いていると思うかもしれませんが、暴力団に管理され、家は狭くて古く、自由な時間もない。そんな中からあなたに送金しているんです。それでも誇りに思えるんですか」

僕はついそう言ってしまった。すると父親は立ち上がり、「そんなのは知らん！」と怒鳴った。そして飲みかけのビールをそのままに、バイクで家に帰って行ってしまった。

部屋に戻り、ミカに、父親とケンカしたことを話した。

「うん、父は私たちがどんな生活してどんな辛い思いしているかなんて知らないよ。だって、姉も私も、辛いことがあっても絶対にいわない。家族に心配かけたくないから」

ミカも日本に行くまで、姉の仕事の内容は知らなかった。ただ、ミカの家族は、フィリピンパブというところで日本人の金持ち客と話をするだけで大きな金をもらえる仕事をしていると思っているのだ。

昔の生活

ミカの家は高級住宅街にあり、メイドまで雇っている。しかし姉のメイが日本に行ったのは、貧しさから抜け出すためだった。フィリピンの「貧しさ」とはどういうものなのか。僕はミカに頼み、二人が出稼ぎに行く前に住んでいた地域に連れて行ってもらった。

昔住んでいた家は取り壊されてしまっている。代わりに、母の姉が暮らす家を見せてもらった。

大通りから路地に入り、奥に進む。両側の家の壁が迫り、狭い路地だ。道はゴミだらけ。小便くさいにおいが鼻をつく。体を横にしながらさらに奥に入ると、腐りかけた板壁の掘っ立て小屋があった。それがミカの伯母の家だった。

家の柱は斜めだ。屋根は赤茶色に錆びたトタン。部屋は一つだけで、広さは6畳もないだろう。シャワーやトイレなどない。そこに伯母と4人の子どもが住んでいる。

体を洗うのは井戸水だ。外に設置されている井戸水をポンプで汲み上げ、服を着たままで、服ごと石鹸で体を洗う。

トイレはバケツ。用を足して裏の川に流す。大も小も同じだ。川はどろどろの緑色で悪臭がする。大雨が降るとそれが家の中に逆流してくる。

ミカはいう。

「私、生理のときは古いTシャツを破って使っていた。生理用品なんて買う金はなかったもの」

この辺りは治安も悪いという。帰り道、道ばたに座り込んで一人で笑っている男がいた。ミカの従兄弟が「あいつ、シャブ中毒だよ」と教えてくれた。ミカのもう一人の従兄弟は覚せい剤の売人で、現在は刑務所に入っている。

ミカの父の家はこの辺りの地主で、家は大きく、暮らしは豊かだった。父の家の近所に住んでいた母と父が出会い、ミカたちが生まれた。しかし祖母の反対で結婚できないでいた。そもそもフィリピンでは国民の多くがカトリックのため離婚出来ないので、簡単には結婚しないから、未婚率が高い。一方で妊娠してもカトリックは中絶出来ないから、未婚の母が多い。結果、貧困が連鎖する。

ミカの父親は当時、ギターづくりをしたり高速バスのチケットを売ったりして稼いでいた。豊かではないが貧しくもない、そんな生活だった。

ミカが8歳になるころ、父親が台湾に工場労働者として出稼ぎに出た。父親からの送金は祖母が受け取り、その一部をミカの母親に渡した。しかし、父親が同じフィリピン人と浮気した。それから送金は次第に少なくなった。

祖母はミカの母ではなく、父親の浮気相手を受け入れた。浮気相手が正式な妻となる。ミカの腹違いの弟が生まれると、祖母はミカの母に冷たく当たるようになった。家を出るようにいわれ、現在、伯母が住んでいる地区の小屋に引っ越したのだ。

「お母さんは本当に可哀想だった。毎晩泣いていた。プライドも、生活もぼろぼろ」

母はメイドとして近くの家に働きに出た。だがその稼ぎでは食えない。一日一食、それもご飯に醤油をかけただけの食事が続く。成長期のミカには辛かった。ミカたち姉妹は、祖母や親戚の家でメイドやベビーシッターとして働いた。給料はなく、食べさせてもらうだけだ。学校になんか行けなかった。

「父方のおばあちゃんからは召使のように扱われた。毎日、掃除、洗濯、子どもの世話。ほんとうに辛かったよ」

姉が他人のパスポートで日本に渡ったのは、そんな生活に耐えられなくなったためだ。それから家にはトイレがついた。シャワーも。

次女とミカは学校にも通えるようになった。それまでミカは年間数万円の学費が払えなかった。そのため一年働いて学費を稼ぎ、次の一年通学するということを繰り返していた。しかしメイの送金が始まってから、公立高校に復学することができた。

「学校に行けるようになったときには周りはみんな年下だったよ。でもそんな子はたくさんいるから、気にもならなかった」

高校を卒業すると、私立の3年制の短期大学に入った。年間の学費24万円は姉のメイが払ってくれた。専攻はコンピューター工学科。小さい頃から数学が得意だったので、専攻に選んだのだという。大学は遠く、乗り合いバスで30分ほどの所にあった。交通費は1ヵ月で1万円ぐらいかかる。それももちろん長女、メイの送金から払った。

大学での勉強は楽しかった。数学やコンピューターのプログラミング、情報処理を勉強した。成績は真ん中ぐらいだった。チアリーダー部にも所属した。だが就職口は見つからず、同級生もショッピングモールの売り子がせいぜいだという。ミカも韓国の工場で働く予定だったのだが、日本への渡航目処がついたので、そちらに切り替えたという。

高級住宅街に引っ越してから、家には毎日のように友達が遊びに来た。エアコンの効いたリビングで映画を見たり、友達が買ってきた食べ物を食べたりして過ごした。

外国で働き口を見つけ、家族に送金できれば、フィリピンではそれが勝者なのだ。送金があれば、メイドとして働く身分から、メイドを持つ身分に変わるのだ。

送金を受ける側の生活は次第にぜいたくになる。昔は電球一つだったのが、やがてテレビ、冷蔵庫、エアコン。電気代は増える。水道代も増えるし、ガス代もかかるようになる。食事は3回、豪華に。さらにはしょっちゅう外食になる。となると金が必要だ。金を稼ぐのは日本で働く娘の役目である。彼女たちの送金が止まれば、家族は再び掘っ立て小屋の暮らしに戻ってしまう。シンデレラの魔法が12時で解けるように。ただし魔法をかけているのはシンデレラよろしく働く当の娘たちだが。

「家族の一員になってほしい」

ミカの家に来て2週間。ミカの家族とすっかり仲良くなった。ミカがいう。

「家族はみんな、あなたのこと好きっていってるよ。それに子どもの面倒みてくれる。優しいねって」

でも、それと結婚は別の話だ。両親はミカと日本人の僕が交際、結婚することをどう思っているのだろうか。父親に、それとなく尋ねてみた。

「結婚するのに、相手がどこの国の人間かなんて関係ないよ」

もし結婚すれば、ミカは日本に住むことになる。そうしたら家族が会える時間は少なくなる。結婚相手は日本人よりフィリピン人の方がいいのではないですか。

「結婚相手は娘が決めることだ。娘が幸せならそれでいいじゃないか。フィリピン人と結婚したからといって幸せになれるとは限らないし」

だけど、僕はまだ職がありません。

「仕事なんて、これから見つければいい。何も心配することはない」

横から母が口をはさんだ。

「早くミカの子どもが見たいね」

結婚が許されたということだった。部屋を出ると、次女が僕を呼び止めた。

「私たちの家族の一員になってほしい。私たちはいつでも歓迎します」

それには一定のルール作りが必須だなと思った。

日本へ帰国

僕とミカは日本に帰った。姉のメイ一家はもう一週間フィリピンに滞在する。

ミカの父親がまた運転手付きのワゴン車をレンタルし、2時間かけて空港に到着した。

空港に着くと、父親が手を握ってきた。

「ミカをよろしくな」

午前10時40分、中部国際空港に到着した。とりあえず僕の実家に向かう。母が出迎えてくれた。ミカがフィリピン土産の置物やお菓子を渡す。

「ありがとう。こんなにたくさん買ってきてくれて」

母は大喜びだった。

しかしミカは今夜から仕事だ。

「5時からシバタさんと同伴の約束。もう楽しい時間は終わった。また仕事頑張る」

午後5時。車でシバタさんとの待ち合わせ場所まで送る。ミカはシバタさんの白いクラウンに乗って行った。

半年後、シバタさんはミカから離れた。

フィリピンに行った年の8月、シバタさんはミカに、愛人になってほしいと申し込んだ。条件は「200万円の一時金とアパートの部屋、それに毎月30万円の手当て」。それに対してミカは「私はまだ契約があるからだめだよ」と答えた。シバタさんは不機嫌になった。店に来る回数は減り、9月からはついに姿を現さなくなった。

第八章　そして彼らはいなくなった

離婚をせまられる

フィリピンから帰ってしばらくして、ミカが電話してきた。半泣き、半狂乱で、こんなミカは初めてだった。

なだめながら話を聞くと、マネージャーのナカタから、偽装結婚相手のコクボと離婚する書類にサインしろと迫られているのだという。

「コクボと離婚したら、私のビザは無効になっちゃう。そしたら警察に捕まる。私、日本にいたい。助けて！」

ミカは、２０１０年11月にフィリピンで1年有効の「日本人の配偶者」ビザを取得し来日。翌２０１１年11月の更新で1年有効のビザを取得、翌年の更新で３年有効ビザとなった。つまり、ビザは2015年の11月いっぱいまで有効だが、それは結婚しているからである。結婚状態が続いてさらに日本に滞在するのであれば、3年後にまたビザを更新しなさいということだ。したがって、偽装結婚を解消されれば滞在の目的は失われ、ビザが無効となってしまう。僕とミカはそう思い焦った。

「そうすれば私は日本にいられなくなる。あなたと別れるのはいやだ」

6畳の小さなちゃぶ台の前で、ミカは涙ぐみ、目を赤くしている。

僕がミカの家に着いたのは朝7時頃だったが、同僚ホステスたちは隣の部屋で寝入ったばかりだった。

ミカの契約は3年間だ。その間は偽装結婚のまま、ホステスを続けていればいい。月6〜8万円の安月給で働かされ、稼ぎの多くがマネージャーにピンハネされるが、3年たったらフリーになれる。そうしたら、ピンハネなしで稼ぐことができる。その時に改めて日本に残るかフィリピンに帰るか考えればいい。ところがマネージャーから、半年早く離婚することを要求されたのだ。離婚でビザが無効になり、帰国することになれば、フリーのホステスとして稼ぐことも出来なくなる。

ミカのマネージャーのナカタはマネージャーだけではなく、店の経営者も兼ねている。

「ヒモ兼オーナー」である。180センチもある大きな男で、筋肉質。目は細く、髪は五分に刈り上げている。

ミカは勇敢にも、そのナカタに「契約より半年も早く離婚させるのは契約違反だ」と食い下がったのである。

「私の契約、11月までてでしょ。半年も早く離婚なんておかしい」

しかしナカタから「いいから早く離婚届にサインしろ」と一喝されてしまった。理由など説明されなかった。大体、違法な結婚を前提にした契約だから契約書などなく、口約束だけだ。ミカの立場は弱い。

「わたし、何もいうできないもん。マネージャー勝手に契約変えても何もいえない。どうしよう。離婚したらわたし、オーバーステイ。捕まっちゃう。捕まったらフィリピン返される」

ミカは頭を抱えながら、片言の日本語で話す。もともと色が白い方だが、顔色はさらに白くなっている。目は必死だ。

「どうしよう。わたしフィリピン帰りたくない。あなたと離れたくない。マネージャーになんていう？　離婚しないっていうかな」

「それって契約違反だよな。だったら離婚しなくていいんだよ。それに今までミカはまじめに働いてきたじゃん。もっという権利があるよ」

ミカたちの休みは月2回だけだ。それもマネージャーの許可を取る必要がある。売上や指名のノルマもあり、ノルマより少なければペナルティーを払わなければならない。そんな厳しい条件のもとで、ミカは毎晩8時から午前3時まで働いてきた。無断欠勤や遅刻はしていない。

「でも、もうだめ。お願い。わたし怖い。あなたマネージャーに話して」

マネージャーに会っても、「お前、何しに来たんじゃ。わしらのことに口出しするのがどういうことかわかっとんのか」と怒鳴られるぐらいではすまないだろう。殴られてすめばいいが、殺されることだってあるかも。

「ミカ、僕には無理だよ」と小さな声でいった。しかしミカは、

「お願いします、お願いします」と繰り返すばかりだ。

いやだ、マネージャーとなんか話したくない……でも、僕が行かなければ誰も彼女を助けられない。

「いいよ、大丈夫。マネージャーと話しに行くよ」

思わず口にしてしまった。ミカは座りなおして目を拭いた。

「ありがとう！」

僕は「大丈夫、まかせて」といわざるをえなかった。しかし、いったいどうすればいいか、まったく分からなかった。

閉店後の店で

翌日、ミカはマネージャーに「自分は日本語がよく分からないので、自分の彼氏に会ってほしい」と頼んだ。

マネージャーに呼び出されたのは、2週間後だった。場所はミカの店で、時間は午前2時。

その夜、僕はひどく緊張していた。

その日は家族に悟られまいとわざと明るく振舞い、喋りまくった。両親は変な顔で僕を見た。僕の顔は引きつっていたに違いない。両親と夕食を食べる。何を食べたか覚えていない。自分の部屋で寝たふりをする。両親が寝静まったのを見はからい、静かに外に出て、車に乗った。そっとドアを閉める。エンジンをかけ、そっと夜の街に出る。

何を言っても、マネージャーのナカタにかなうわけがないことは分かっていた。理屈はどうあれ、彼らの商売にクレームを付けに行くのだ。しかもホステスのミカとつきあっている。2、3発は殴られるだろう。いや、もしかしたら殺されるかもしれない。

部屋を出るとき、小さなショルダーバッグの中に、ボイスレコーダーをしのばせた。何かあったときの用心のためだ。スイッチは入れてある。

ボイスレコーダーのスイッチを入れるとき、思いついて学生時代の友人にLINEでメッセージを送った。

「朝まで連絡がなかったら、僕を探してほしい。以下の店にいるけれど、その後どこに連れて行かれるか分からないから」

店の住所、そしてGPSで探せるようにiPhoneのアカウントとパスワードも送った。

午前2時前に栄4丁目に着いた。さすがにまだ人通りが多い。パブ「H」の近くの路上に車を停め、繁華街を歩く。少し肌寒い。足が重い。

「H」が入っている5階建ての白い雑居ビルの前に着いたとき、ちょうど2時になった。客引きの男性の脇を通ってビルに入る。狭くて、紙くずや食べ物の汁で汚い廊下。その一番奥が「H」だ。1階にはほかに2軒のフィリピンパブが入っていて、カラオケと拍手の音が廊下にあふれてくる。「H」も本来ならまだ営業している時間だが、僕のために早めに閉めたらしい。ますます気が重くなる。

赤と黒の防音ドアの前に立つ。喉がカラカラに乾いている。取っ手に手をかける。心臓がドクドクと打っているのが耳の奥に響く。目を閉じ、深呼吸した。それから一気にドアを押して店の中に入った。

店内はふだんは暗いが、閉店後なので照明が全部つけられて明るい。タイル風に印刷された薄茶色の壁紙はあちこちはがれてコンクリート地が見え、黒いソファーには小さな穴が開き、黄色いスポンジが見える。その現実感が、よけいに怖さをつのらせる。

「H」は小さな店だ。広さは12畳か13畳程度。ボックス席が2つ、壁際にソファーが4つ。左手に7人がけのカウンターがあり、カウンターの中では店長が伝票の整理をしていた。黒服の従業員が2人、洗い物などの後片付けをしている。彼らは上目づかいにじろりと僕を見ると、すぐ自分の仕事に戻った。僕が何しにきたのか分かっているようだ。

ドアを入って右手のボックス席にミカがいた。その向かいにナカタ。ピンクのシャツにジーパン姿だ。隣にはもう1人、マネージャーのタカハシ。長髪を茶色に染め、腹の出っ張った40年配の男だ。ストライプのシャツに黒のネクタイ、細いスラックス、ぴかぴかの革靴。もろ「その世界の人」だ。僕は「失礼します」と挨拶し、ミカの隣に座った。バッグの中のボイスレコーダーが音を立ててしまわないか、すごく心配だ。

最初に口をきいたのはタカハシだった。低くドスの利いた声。

「こういう世界をどのくらい知ってるか分からんけど、ホステスに手を出すのはルール違反なのよ。契約が終わるまでは絶対に許されないことなの」

ミカの偽装結婚解消の話ではなく、僕とミカの関係から突っ込んできた。弱いところだ。それだけいうと、タカハシとナカタはじっと僕を睨んだ。手のひらが汗でじっとりし、ジーパンを通じて腿に伝わる。1分、2分……。

「一緒になりたいんだったら500万、600万持ってこい。それがこの街では当たり前なの。それがこの街のルール」

そんな大金が払えるなら、命がけでこんなところに来やしない。しかし、僕はがちがちに緊張し、声もでない。一言も返せない。

ナカタが煙草を灰皿に押し付けて消すと、口を開いた。関西弁の大きな声。僕の体がびくっとした。

「分かるでしょ。でも今までわしらは黙認してたの。ほかのホステスには絶対に許されないことを、あんただけ特別に許してたの」

特別扱いの理由は分かっている。ミカが売れっ子で、ちゃんと働き、売上をあげているためだ。それにミカは、彼氏ができたことを半年前、ナカタに正直に報告していた。

たしかに、ミカと僕の関係は彼らのルールに違反しているかもしれない。しかしそのことは前から彼らは知っていることなのだ。昨日今日の話ではない。今夜僕がここに来たのは、ミカの契約の問題を話しにきたのだ。いまさら彼女との関係をルール違反だといわれてもどうしようもない。

腹がすわった。

「その話は分かりました。でも今日は、彼女の契約について話し合いをするということなのでここに来ました。その話からお願いできませんか」

慎重に言葉を選びながら話したつもりだった。しかし言い方が悪かったのだろうか、ナカタの顔がこわばった。

「ミカから何て聞いてるか知らんけどな、契約は11月までなの。その半年前に離婚するというのも、初めから決まってることなの」

「聞いてない！」突然ミカが大きな声を出した。

「ミカは聞いてないといってますよ」と僕。

「知ってるか知ってないかなんて関係あらへん。それがこっちのルールなんや」

「でも、契約終了前に離婚させるって、契約違反ですよね」

「あん？　それをいうなら、好き勝手にミカのところに寝泊まりしとったのも契約違反なの。それをごちゃごちゃいうんやったら、こいつに明日にでもフィリピンに帰れっていえるわけ、こっちが。そしたらあんたにはたんまりペナルティー払ってもらうけどな」

　ナカタは大きな声で怒鳴る。ミカとの関係を持ち出して脅せば、すぐ引っ込むとおもったのだろう。僕がいい返したので、相当癪に障ったらしい。しかし、ムカッと来たのはこっちも同じだ。恐怖も忘れていい返した。

「今日はミカの契約のことで話し合いに来たんじゃないですか。それなのに僕と付き合っているのが問題だとかペナルティー払えとか、そんなの脅しじゃないですか」

「脅しだと？　おう、ちょっと待てや。今までお前らがやってたこと、当たり前だと思ってんのか」

　ナカタは顔を真っ赤にし、体を前にせり出して怒鳴った。あ、殴られる、と思った。

でも、それは覚悟してきた。正面からナカタの目を見返し、大きな声でいった。

「いま離婚しても、11月まではホステスとして働かせるというんですね」

「なに？　おい、働かせるって何だ。口のきき方に気を付けろ」とタカハシが低くいう。

ナカタが怒鳴った。

「お前はわしらの契約になんの権利があって口出ししとるんや！」

カウンターの中で後片付けをしていた従業員たちが一斉にこっちを見た。

「僕は契約に関係なくても、契約したミカが納得してないじゃないですか。契約したというなら、ミカが納得してから変えるのが筋じゃないですか」

「あのな、はっきりいうたるわ。ミカには文句をいうことも決めることもできんのやわ。これはこの街のルール。法律とか関係あらへん。それをお前がごちゃごちゃいうとるだけなんや」

「でも、そんなの彼女が納得してないじゃないですか」

「分かった。じゃ契約延ばす。離婚は11月でええ。そのかわりこいつは来年5月まで契約ホステスや」

ドン！　ナカタが思い切りテーブルをたたく。僕は飛び上りそうになった。店の中が静まり返る。

もう、何をいっても通じない。彼らといい合いをする気力はなくなっていた。

「じゃ、彼女が納得するように説明してあげてくださいよ」そういうと、彼らの態度も元に戻った。タカハシが優しい口調でミカに尋ねた。

「ミカはなんで離婚したくないいんだ。いま離婚しても11月にしても変わらないだろ？」

「離婚した後、警察にチェックされたらどうするの。わたし捕まったらどうする？　わたし怖いよ」

ナカタがたばこに火をつけ、落ち着いた表情で話し出した。

「そんなことは起きない。こいつが捕まったらこっちも困る。分かるだろ。契約終わるまで働いてもらわな困るし、それまではこっちがきちんと保証する。ミカのことはかわいいし」

雰囲気がいくらか和らいだ。するとタカハシが前に乗り出し、僕の顔すれすれに顔を寄せて低い声で話した。

「あのな。こういうホステス一人つくるのにどのくらいかかってるか分かるか？」

以前、フィリピンパブに詳しい知人から、偽装結婚で一人連れてくるのに100万円かかると聞いたことがある。だから「少しは話を聞いたことがあります」と答えた。タカハシは低く笑った。

「絶対に分かるわけない。ナカタがどれだけ頭使って、金使って、ミカを日本に連れてきたと思ってる？　ミカも辛い時があった。ミカは頑張ったけど、それ以上にナカタも頑張ったんだよ。こっちもこれまで、ミカのいうことは聞いてきた。でも聞けないこともある。離婚のサインは嫌だとか。でもミカに怖い思いをさせることはない。今夜は円満に話して、あとはミカのことをよろしく頼むといいたかった。しかしあんたの態度は生意気だった」

僕はタカハシの顔を見て頷くことしかできなかった。もう何もいえないし、何も考えられない。後でボイスレコーダーを聞きなおしたが、このあたりでは僕は「はい」と「わかります」しかいっていなかった。

タカハシが右手でこぶしをつくり、左の手のひらをバンバンたたいた。

「ミカのことは本当にかわいいと思ってるの。それなのに横からあんたにくちばし容れられて、本当に腹が立った。俺たちはプロだ。プロにはプロのプライドがある。それをあんたみたいな素人にああだこうだいわれて、むかついているんだよ。あんたを殴り倒してもおかしくない状況だ。でもそんなことしたらミカが悲しむだろ？」

僕は相変わらず「はい」を繰り返すばかりだ。ナカタも優しい口調でミカに語りかけた。

「契約を5年延ばす6年延ばすなんて無茶なこといってないでしょ？　いま離婚したってミカは捕まらないよ。離婚して捕まったなんて話、これまで聞いたことないでしょ？　ミカ、あんただけ捕まるなんてないから。あと半年の付き合いやんか。おたがい気持よく契約終わろうやないか」

ミカは日本語が分かっているのかいないのか、黙って話を聞いている。

「わしらも君たちに別れろなんていってないだろ？　幸せになりなさいって応援してるんだから。ほかの店を見てごらん、ホステスと一緒になりたいんだったらお金持っとというのが当たり前の世界だよ。でもわしらはそういうことしたくないの。だからあんたももっと大人の対応しないと」

栄4丁目で、ホステスと付き合った日本人男性が５００万円払って契約を終わらせたという話を聞いたことがある。

僕はミカの目を見た。ミカがうなずく。

「分かりました。離婚のサインをします」

離婚した後で何か問題が起きたら、僕が結婚すればいいだけの話だ。

「おう。契約が終わったらあんたらは結婚すればええ。幸せになったらええやん」

ナカタの機嫌がなおった。

「すみませんでした」

僕はナカタとタカハシに謝った。

「いや、こっちも怒鳴って悪かったな。なんか困ったら相談してくれ。お前らのこと応援してやるから」

男たちは立ち上がり、焼酎のボトルを取ってきてグラスにつぎはじめた。

「二人とも、これからどっか行くんやろ。もうええよ。はよ帰れ」

僕はミカを連れて店を出た。汚い廊下を通って表に出る。もう他の店も閉まっている。ビルから離れると、急に足がふるえはじめた。ひざに力が入らず、歩くのがやっとだ。恐ろしさがこみ上げてくる。その時、ミカが手を握ってきた。

「ありがとうね。ほんとうにありがとうね。愛してる」

「そんなこと、いいよ。でも、もう二度とあんなところに行かないからね」

ミカが笑い出した。

「強制離婚」の理由

離婚を承諾してから、一番心配になったのはミカの在留資格だった。ナカタは心配ないといったが、それだけでは信用できない。次の週、知人に紹介してもらって行政書士事務所に行った。ミカも一緒だ。中年の行政書士はいった。

「離婚してもすぐビザは切れません。いまはビザの期限内なのですぐに問題となることはないでしょう。この女性の方は2015年11月までビザが残っているので、それまでは日本にいることができます」

入管法第22条の4では「日本人の配偶者」の資格で滞在している者が、配偶者としての活動を6ヵ月以上行っていない場合ビザの取り消し対象になる、と規定している。ミカは離婚してしまえば、配偶者としての身分を失い、配偶者としての活動もできない。半年後にはビザの取り消し対象になるということだ。だが行政書士は心配することはないと言った。

「厳密に言えばビザの取り消し対象にはなりますが、お二人がビザの期限までに結婚して新たにビザを申請する準備をしていると言えば、ビザが取り消されることはありません。安心してください。ただ、万が一、再入国できないことがあるかもしれないので、出国はしないでください」

だから当面、強制送還はない。ナカタたちの言っていることは正しく、僕たちは勘違いしていたわけだ。深夜の密室でナカタやタカハシとやりあったこと、バッグにボイスレコーダーを入れて出向いたこと、殺されるかもしれないと思ったことなどが思い出され、一人で赤くなった。契約が終わった後もミカはフリーのホステスとして働く事ができる。

ミカのビザの期限が切れるまでに、僕は二人の人生の方向を決めなければならない。ナカタたちとの対決が、決断するきっかけになった。

就活に失敗したまま、大学院を出た僕は無職で、親の家に住み、バイトでぎりぎりの生活をしている。これまでぼんやりとしか考えていなかった結婚という文字が、現実的なものとなった。

それから1ヵ月がたった2013年6月、ミカは「H」の従業員に付き添われて区役所に行き、離婚届を提出した。その足で名古屋入国管理局に行き、離婚したことを報告した。

しばらくして、ミカの同僚ホステスが、ミカにこんな情報を教えてくれた。離婚届を出した直後、ミカの偽装結婚相手のコクボがフィリピンに行き、別のフィリピン女性と偽装結婚した。その女性を連れて日本に来るという。ミカのときと同じやり方だ。それを聞いて、ナカタたちが「半年前の離婚」にこだわっていた理由がやっと分かった。

偽装結婚でいちばん難しいのは、相手の日本人男性を確保することなのだ。偽装結婚の報酬は月に5万円だという。年間60万円。それっぽっちの金で戸籍を汚してしまうことになる。だから大抵の男性は引き受けようとはしない。ミカの相手のコクボはナカタの子分格で、ナカタの指示を断れない。代わりになる人間がそう簡単に見つかるわけではない。したがって、一人の男性が何回も偽装結婚を繰り返すことになる。

ナカタが、ミカのホステス契約終了の半年前に離婚させたかった理由は、ミカと入れ替わりに、ホステスになるフィリピン女性を連れて来なければいけなかったからだ。

半年後、ミカの契約が無事に満了した。来日して3年だった。

ミカがナカタと交わした契約は以下のような内容だ。

「偽装結婚で来日し、マネージャーのナカタに所属するホステスとして、3年間働く。

最初の年は月給6万円。1年で1万円ずつ昇給。休みは月2回——」

日本の法律に触れる内容の契約だから、もちろん文書なんかない。ナカタとの口約束だけの不利な契約だ。でも、日本で働いて金を稼がなければならないフィリピン女性は、そんな契約でも飲まざるを得ないのだ。

ともかく、契約終了でミカはナカタの管理から自由になった。パブのホステスを続けようが、ホステスをやめてコンビニに勤めようが、大学に入ろうが、フィリピンに帰ろうが、すべて自由。しかしミカはフリーのホステスとして残る道を選んだ。

店も、ナカタが経営する「H」を続けることにした。ナカタから頼まれたためだ。ナカタは、人気があって指名の多いミカを手放したくなかった。それに、ミカは同僚のホステスたちと仲が良かったので、残る道を選んだのだ。

契約が終わった日からミカは、ホステス仲間との共同生活から脱け出し、同じ店で働く姉の家に居候させてもらうことになった。姉のメイと、姉の先夫との間に生まれた子、姉の現在の夫である日本人のタダさん、タダさんとの間に生まれた赤ん坊、そこにミカを入れて計5人。

さらに、そこに僕が加わることになった。

　僕は家族に、ミカがフリーになったことを告げ、「ミカと一緒に、当分ミカのお姉さんの家に居候させてもらう」と宣言した。ミカに姉がいて、日本人男性と一緒に暮らし、子どももいるということは前に話してあった。

　メイの家に転がり込むことについて、家族から反対されるかもしれないと思った。しかし母は「ミカちゃんやお姉さんたちに迷惑かけないでよ」といっただけで、とくに反対はしなかった。この頃には、僕の家族はミカとの交際をごくふつうに受け入れてくれていたのだ。

　大学に入ったとき父に買ってもらった赤のアクセラは、6歳年下の弟が大学1年生になったため、譲り渡した。

　ミカの姉の連れ合いであるタダさんは、名古屋市内のホテルに勤めている。家は栄4丁目から車で30分ほど離れた場所にあるアパートだ。3LDKで、家賃は月7万円。僕とミカは、二つある6畳間のうちの一つを借り、3万5千円を分担することにした。

　12月25日は「H」の給料日だった。ミカは、フリーになって最初の給料を、店が終わった後で店長から手渡された。封筒に入っていたのは40万円。分厚い札束にミカは目を丸くしたという。契約ホステス時代と大違いだ。

「フリーのホステスの給料が高いことは知ってたけど、こんなに高いなんて知らなかった。もうぜったい、タレントになんか戻れない」

彼女たちはフリーになって初めて、自分が本来手にするべき給料の額を知るのだ。

タレントと呼ばれる、いわゆる契約ホステス時代、ミカがフィリピンの親元に送金していた額は4万円だった。しかしこれからは月に10万円以上送金できる。毎月それだけの送金があれば、フィリピンの家族は携帯電話や家電、家具を買うことだってできるし、車のローンだって組むことができる。

フリーになれば稼げる。タレントとして働く3年間は、そのための研修期間みたいなものだ。彼女たちはそう考えようとしている。安い給料で、古くて狭いアパートの共同生活に耐えぬけば、高給が待っている。そのために、早くフリーになることを夢見て、がまんして働く。マネージャーもそのことを知っている。タレントがつらそうにしていると、「ほら、もう少しでフリーになれる。頑張れ」と夢を見させる。ただ、その約束が守られるかどうかはマネージャー次第だ。なにせ「3年で契約を終了する」という書類がないのだから。

ナカタはミカとの契約を守った。ミカはフリーのホステスとして「H」で働き続けた。

20時から2時まで。タレントは3時まで働かなければならないが、フリーになればタレントよりも1時間早く帰ることができる。それに毎週日曜日は休み。平日でも休みたい時に休める。

フリーになってから、いつでも行きたいところに行けるようになった。今までは常にマネージャーの目を気にして、休みの日でも旅行なんか行けなかったが、今では長期の休みを取って旅行に出かけたって誰にも文句はいわれない。

そんなこと、日本の普通のカップルは当たり前にしていることなのだろう。しかし、今まで自由が制限された中で交際していた僕たちにとっては、とても幸せなことだった。

ピースボート

大学院2年生の秋、僕は進路に迷っていた。見かねた大学院のある教授が「私の知り合いの会社を受けてみなさい」と勧めてくれた。

会社は名古屋市中区にある商社だった。リクルートスーツを着て試験を受けに行った。僕の他にも数人受験している。話を聞くと、早稲田大や法政大の学生だった。わざわざ東京から来るほど人気のある会社なのだ。

一次の筆記試験はなんとか通過した。次は役員面接だ。なぜこの会社を選んだか、会社に入ってから何をしたいかを聞かれた。準備してきたことを答えた。きれいごとをつなぎ合わせただけの回答だ。

社長が口を開いた。

「君はなぜ大学院まで進学したの？　履歴書にはフィリピン人女性のことを研究しているというけど」

日本に住むフィリピン人女性が抱える問題について話した。偽装結婚してマネージャーとの間に契約のあるフィリピン人ホステスの問題、日本人男性との間に生まれた子どもの問題などだ。この時は、作文の回答ではなく、目を輝かせながら話していたと思う。

すると社長がいった。

「そんなこと研究してなんの意味があるの？　フィリピン人の女っていったらフィリピンパブか売春でしょ。そんなのわざわざ研究しなくたって、パブに行けばわかることだ。君もどうせ、遊びたいからそんな研究してたんだろ？　そんな女にハマって結婚なんてしないように気をつけるんだよ。私の周りでも全財産奪われたって話があるからね」

マリアさんやミカの顔が頭に浮かんだ。面接の後の質問には、もう答える意欲がなくなった。適当にひと言ふた言答えただけだ。

一週間後、「今回は採用を見合せていただくことになりました」という手紙が届いた。母に「ごめん、就職試験落ちた」というと、母は笑いながら「その会社、あなたのやりたいことじゃないでしょ。たぶん、落ちてよかったんだよ」といった。

次に受けた試験は10月、自動車部品メーカー。受けた理由は、フィリピンに工場があるから。

一次面接、二次面接はすんなりと通った。「将来はフィリピンの工場で働きたい」と希望をいうと、面接の役員は「それだけ具体的に思ってくれるのは嬉しい」と喜んでいた。

最後は社長面接。40歳代の若い社長だ。社長は「君、よほどフィリピンのことが好きらしいね」と言ってきた。大学院で研究していることや偽装結婚しているフィリピン女性について話した。

「へえ、すごいね。初めて聞いた。面白いね」

社長も毎月のようにフィリピンの工場に行っているそうだ。

「僕もよくフィリピン行くんだよ。でも、仕事以外ではゴルフするか女を買うかなんだけどね。君も女にハマっちゃったんだろ」

一週間後、人事担当者から電話があった。

「君を取りたいんだけど、まだ役員の承認を得られていない。もう少し待っててくれないか」

そしてそれから1ヵ月後、電話が来た。

「申し訳ないんだけど、定員が満たされちゃって。卒業するまでに就職が決まらなかったらもう一度電話をかけてくれないかな」

もう11月。就活の時期は終わっていた。

ミカに「就職できなかった。これからどうしよう」と報告すると、ミカはいった。

「大丈夫。なんとかなる。ネガティブに考えないで。いつも前を向いて。私がいるから心配しないで」

何も決まらないまま大学院を出てしまった春、僕は指導教官に相談に行った。教官はしばらく考えていたが「いい時間を手に入れた、と思いなさい」といった。

「せっかく手に入れた時間だから、ピースボートに乗ってみたら？」

教官がパンフレットを見せてくれた。船で世界一周——確かに、就職したら絶対にできない。飛行機じゃなく、船でというのも新鮮で急に「世界を見てみたい」という思いが強くなってきた。一生で、今しかこんなチャンスはない。決心した。

家に帰ってその決心をミカに伝えた。ミカは激怒した。

「私のこと見捨てるの⁉」

まだミカの契約が終わっていなかった頃だ。ナカタとのことでごたごたしていた時期で、ミカが怒るのは当然だった。

それでも「どうしても乗りたいんだ。お願い」と粘る。そのうち、とうとうミカは「分かったよ」と折れた。

「それがあなたの夢でしょ。だったらいいよ、行ってきて」

しかしピースボートに乗る金がなかった。3ヵ月、4人相部屋でも1人最低129万円かかる。どうしたものか。

ピースボートは、僕のような金のない若者のための方法を用意していた。「地球一周の船旅」というポスターを飲食店など人の集まるところに貼れば、3枚で千円分、乗船費用が割引される。約4000枚貼れば旅費全額が割引になる。これだ。

すぐに名古屋駅の裏にあるピースボートセンターに行き、ボランティアスタッフとして登録した。

ラーメン店、焼肉店、理髪店、酒屋、ケーキ屋、スナック、キャバクラ……。ポスターをカバンの中に詰め、電車で愛知県内の町を回り、「ポスターを貼らせてください」と頼んで歩いた。こっちを向きもせず「ダメ、お断りだ」と不愉快そうにいう店があった。一方で、にこにこして「いいよ、がんばりな」といってくれた店もある。5軒回ったうち1軒は貼らせてくれた。夏は、回って帰ってくると汗だくになった。ミカは「頑張れ、あきらめるな!」と応援してくれた。

半年間頑張り、2000枚は貼らせて貰えたので半分は割引になったが、後は借金してやっとのこと資金を作った。

2013年11月、ミカの契約が満了して2日後、僕は横浜に向かった。ミカが、

「はい。これ」

封筒を差し出した。中を見ると10万円が入っている。

「これだけしかないけど、気をつけて行ってきてね。浮気は絶対にだめよ!」

僕が船に乗るといいだしてから半年、毎月こっそり貯めてくれていたのだ。

ピースボートの3ヵ月間、船上のインターネットは有料なので、僕は使わなかった。寄港地ごとに港湾ターミナルビルでWi-Fiを探し、メールでミカに連絡をとるしかない。ナカタが契約終了をちゃんと実行しているかどうか心配だった。出港して10日後、シンガポールから「契約はちゃんと終わった？」とメールした。ミカから「大丈夫。ちゃんとフリーになったよ。給料ももらえるし、休みたいときも休める」と返事があった。ほっとした。

2014年春、105日間の船旅を終えた。横浜から夜行バスで名古屋に帰る。ミカは休みを取って名古屋駅まで迎えに来てくれていた。ミカはそれまで、電車に一人で乗ったことがなかった。それでも「早く会いたいから」と、ネットで調べて名古屋駅まで電車に乗ってきたのだ。

旅費の借金を返すため、大学院でアルバイトを始めた。研究のための現地調査やインタビュー調査の手伝い、フォーラムの案内のチラシづくり、封筒詰め、郵送、外国から来る研究者のための航空券やホテルの手配……月に数万円程度、借金もあるから生活できない。ミカの給料によりかかるしかなかった。

こうして僕は、友人たちから「フィリピン人のヒモ」といわれるようになった。

ホステス同士の喧嘩

ピースボートを降りて3ヵ月がたった2014年6月、ミカの働くパブ「H」でトラブルが起きた。ホステス同士の対立が喧嘩に発展したのだ。原因は、経営者のナカタのフィリピン人妻だった。彼女は店でホステスとして働いているが、彼女に対する他のホステスの不満が爆発したのだ。

6月4日、午前3時になってもミカは帰ってこない。明るくなった午前6時過ぎ、やっと帰ってきたが、乱暴にバッグを放りだした。

「ナカタの奥さん本当にわがままだよ。すごく偉そうにしている。私たちにも口うるさく言ってくるの。むかつくわ」

きっかけはナカタの妻が他のホステスたちに対して、上から目線で話をするようになったことだった。

「お客さんへの接客態度が悪いとかなんとか、いろいろいう。お客さんになんでもっとドリンク注文させられないんだ、なんて。ナカタの奥さんだから、何でも自分で決めれると思っているみたい」

ミカの話によると、ナカタの妻は最近、店のホステスに何かと文句をいうようになったのだという。そんなナカタの妻に、ホステスは次第に不満を募らせていった。

そして、この日の閉店後、ホステス全員が集まり、ナカタ妻と話し合いになった。

「いい合っているうちに口喧嘩になって、女の子の一人がナカタの奥さんの頭を思いっきり叩いたの。それで二人は殴り合い。服はボロボロ。ボーイが間に入ってやっとおさまった」

これで反目は決定的になった。2週間ほどして、反ナカタ妻派であるミカの姉が、店をやめる決意をした。ミカも行動をともにすることにする。

しかしナカタは、姉の退職は認めたが、ミカには認めなかった。

「お前は辞めさせない」

「なんで？　私もう契約終わったでしょ。店を変えるのも自由でしょ」

「この仕事をやめるんだったら、店をやめてもええ。そのかわりこの町でホステスとして働くことは許さん。お前が他の店で働いていることがわかったら、この町でのオレの立場はどうなるんだ」

7月、ミカの姉たち反ナカタ妻派のホステスが店を辞めた。20人いた「H」のホステスは、10人に減ってしまった。ミカは仕方なく残った。

そのうち、ナカタ妻派のホステスが、ミカにつらく当たるようになった。無視。いじめ。ミカはこたえたようだった。家に帰るなり泣きだし、「もうだめ、がまんできない」という日もあった。助けてやりたいが、どうすることもできない。店に乗り込んで「ミカをいじめるな！」なんて叫んだら、とんだお笑いぐさだ。それに、そんなことをしたところで、いじめが止むわけでもない。

後輩として共同生活し、ミカにいろいろ教わった後輩ホステスたちまでが、ミカのことを無視し始めた。恩知らずなやつらだと僕が怒ると、ミカは違うという。

「彼女たちはまだ契約がある。だからそうするしかないの」

ミカは携帯を開き、そんな彼女たちからきたメールを見せてくれた。そこにはタガログ語で「お姉さんごめんね」とあった。

「本当はお姉さんのこと、無視したくなんかないの。でもこうしないと私たちまでいじめられる。私はまだ契約が3年もある。3年間も無視されたら、がまんできる自信ない。だから今はこうするしかできないの。ごめんね、許して」

契約に縛られている以上、彼女たちは強いものに従わなければならない。反発したら、こんどは自分が狙われるのだ。そしてだれも彼女たちを助けはしない。

ミカの姉は、「S」というフィリピンパブに移っていた。「H」からは300メートルほど離れており、歩いて2、3分の距離だ。その店は暴力団と関係はなく、ホステスは全員がフリーだった。

ミカはこっそり、その社長に会いに行った。社長は白髪交じりの60歳ぐらいの人で、雑居ビルを何軒か持っているオーナーだ。長年、自分の雑居ビルの一室でフィリピンパブを営んでいるが、儲けるためというよりも趣味のような感じであるらしい。

ミカが「今の店を辞めたい」と相談すると、その社長はいった。

「だったらうちで働けばいい」

「でも、ナカタからやめるなといわれてる。もしこっちの店にかかわったら、何かされるかもしれません」

「大丈夫、何もしてこないよ」

こうしてミカはナカタに無断で店を移った。「H」最終日の、仕事を終えた後、ナカタにメールした。「今までありがとうございました。店を移ります」ナカタからの返信はなかった。

新しい店「S」は、雑居ビルの3階にある。店のホステスの平均年齢は40歳。最高齢のホステスは50代後半だという。

ミカが店をかえてから、一度「S」に様子を見に行ったことがある。赤色の絨毯に赤色のソファー。中は広い。ホステスは10人。ミカ以外のホステス全員、滞日歴10年以上だ。子持ち、体型は樽型。今までミカのいたような店とは違い、ホステスも若くなく、客も少ない。客引きで来る新規の客はおらず、常連客だけだ。

数日後、僕とミカが家にいるとき、「H」の店長からミカに電話がかかってきた。ミカは僕に目配せして、スピーカーをオンにした。

「まだ栄で働いてるの？」

「うん」

「ダメだって。ちゃんと辞めないと。マネージャー怒ってるよ。あの人たち何するかわからないよ。それに、話し合いに来ないと残りの給料払わないっていってるよ」

「それならいいよ。残りの給料は全部あげる。だから私の好きにさせて」

「ダメだって。ミカのためだよ。本当に何されるかわからないよ」

「もういいわ」

ミカは電話を切った。これで、４年に及ぶナカタとミカの関係は終わった。

僕としては、ミカがなにか危ない目にあうのではないかと心配だった。しかしミカは度胸があった。

「私は大丈夫。マネージャー、口でいうだけだから」

ミカは半月分の給料、20万円をもらえなかった。大金だ。もったいないと思った。しかしミカは「こういう世界では、これが手切れ金よ」といった。それからはナカタの電話が来ることもなくなった。

ナカタ、消える

それからしばらくして、ある夜遅く、偽装結婚していた元契約ホステスにインタビューしていた時のこと。フィリピンパブと暴力団のつながりについて聞いた。取材が終わったとき、ふとナカタのことを思い出した。

「ナカタって、今どこの店をやってるの？」

「ナカタ？　あの人、逃げたよ」

「逃げた⁉　どういうこと？　いつ逃げたの？」

「1ヵ月前かな。私のお店にナカタの奥さんの妹がいたの。その子はナカタと同じ家に住んでいたんだけど、ある日ナカタが突然いなくなったんだって。そうしたら家に借金取りが来たそうよ。『開けろ！　ナカタ出せ！』ってずっとインターフォン鳴らしてたらしいよ。すごく怖かったって」

ナカタが姿を消したのは1ヵ月ほど前だったという。暴力団から借りていた2千万円の借金を踏み倒したうえ、暴力団のフロント企業となっているパブの売上900万円を持ち逃げしたのだとか。

姿を消したのはナカタだけではなかった。「H」の店長、新しい契約ホステスと偽装結婚していたタクシー運転手、そしてミカの元偽装結婚相手のコクボだ。

僕にも思い当たる節があった。2ヵ月ほど前、ミカの姉のメイが「携帯止まっちゃった」と困っていたことがある。姉の携帯はコクボが契約して渡していたのだが、その支払いが滞っていたようだ。

コクボは姉の客だったが、姉がナカタの店からかわると、ナカタから「もうあいつのところには行くな」といわれ、姉の店には来なくなった。だが、それでも毎月、店の前にやってきて、姉に生活費として2万円を渡し、自分の名義で契約していた携帯の支払いも欠かさず払ってくれていた。それが連絡が取れなくなった。

家に帰って、ミカにナカタが失踪した話をした。なんと、ミカはすでに知っていた。

「うん、いなくなったよ。借金したみたいだね。もう栄に戻って来れないよ。戻ってきたら殺される」

でも何かさびしいな、といった。

「最後は色々問題あったけど、いっぱいお世話になったから」

ナカタが失踪したことは栄のフィリピンパブ街に知れわたっていた。

あらためて、ホステスたちにナカタのことを聞いて回った。すると、意外にも、ナカタは暴力団にはめられていたらしい。計画的に借金漬けにされ、結果として、店も金も、偽装結婚相手になっていた自分の子分たちも、すべて奪われてしまったのだという。

ナカタが偽装結婚の斡旋に手を出したのは2010年、サイトウに誘われてからだった。サイトウは管理売春や偽装結婚斡旋のブローカーで、これまで何度も逮捕されている。新聞で「暴力団のフロント企業の代表」と報じられたこともある大物だ。

ナカタは初め、そんなサイトウの店に客として出入りしていた。するとサイトウが「いい儲け話がある」と声をかけた。

ナカタは元々パチンコのクギ師の元締めで金回りがよく、サイトウの店に来るときは必ず数人の手下を引きつれていた。それにサイトウが目を付けたらしい。サイトウにとって、ナカタは絶好のカモだったのだ。

偽装結婚斡旋に重要なことは二つ。元手の資金を用意できるか、偽装結婚の相手を準備できるか、だ。

偽装結婚を成功させるには、夫役の日本人男性を最低でも3回、フィリピンに往復させなければならない。渡航費や食事、宿泊代。結婚式やビザの申請代、ホステスを日本に連れてくるための旅費、日本での住居。こうしたものを全部揃えると、一人ホステスを作るのに最低でも100万円かかる。

偽装結婚相手の準備はさらに難しい。他の名義貸しと異なり、戸籍にキズがつくため、普通の人間はまず引き受けない。ホームレスの人を金で釣ろうとしても、住所、収入がなく、納税をしていなければビザが下りない。結局、弱みがあって金が欲しい人を確保するしかない。

ナカタには、金に困っていて何でも言うことを聞くコクボという手下がいた。偽装結婚斡旋にはぴったりだ。金と日本人男性を用意できるナカタにサイトウは目をつけた。

ナカタとコクボに自分の子分を付けてフィリピンに行かせ、偽装結婚を演出したのである。

それだけではなかった。サイトウはその後、金を持っているナカタに自分の店を売った。僕とミカが最初に出会った「E」だ。内装を豪華に改装し、費用は全てナカタが払った。サイトウはナカタのアドバイザーとして共同経営者となる。サイトウは自分の偽装結婚組織から契約ホステスを迎え入れた。さらに、自分のフィリピン人妻をママにして店の管理を一手に握った。

その後、ナカタの知人のタカハシを共同経営者として迎え入れ、新たにクラブ「K」を開く。もちろん資金はナカタとタカハシが出し、サイトウは再び、共同経営者になる。サイトウの報酬にはコンサルタント料が加算され、ナカタやタカハシより多かったらしい。

ミカはいう。

「サイトウはナカタをだましてたの。サイトウはいつも『お金ない』ばかりいう。サイトウが払う約束だった分のホステスの給料も全てナカタとタカハシが払っていた」

サイトウがナカタから出させたのは、金だけではなかった。偽装結婚斡旋をするのに重要な「夫役」も差し出させている。サイトウはナカタの手下を自分のタレント、つまり契約ホステスを作るために偽装結婚させた。それはミカが知っているだけでも3人いる。3人とも、ナカタの下でパチンコのクギ師として働いていた人間だ。ナカタがフィリピンパブを開いてからは、店の店長やボーイなどを務めるようになった。年齢は30代。サイトウはナカタの手下をいいくるめ、自分のタレントを作るための偽装結婚相手にしてしまった。

ナカタとタカハシは、次第にサイトウに対して不満を募らせるようになる。ナカタとサイトウが別れたのは、2012年10月。クラブ「K」が閉店した時だ。金を出さずに口ばかり出すサイトウにナカタが腹を立て、店を閉めてサイトウと手を切ったのだ。

その後、ナカタとタカハシは離れた雑居ビルに「D」を開店。サイトウはクラブ「K」のビルに新しいパブを開いた。

「K」にいた40人ほどのホステスのうち、ミカ以外の契約ホステスは全員がサイトウの店に移った。ナカタの店に残ったのは、フリーのホステスばかり13人となった。

ナカタはサイトウと出会ってから、偽装結婚斡旋組織の裏にいる暴力団員たちと付き合い始めている。「K」で、黒いスーツの暴力団風の男が10人ほど、ナカタと話していたのを見たことがある。その時のナカタは腰が低く、愛想笑いをしていた。ミカの姉、メイはいう。

「ナカタがサイトウと手を切ってからも、そういう暴力団員は店によく飲みに来ていた。ナカタはヤクザと繋がってから性格が変わった。すごく態度が大きくなった。それから、うわさだけど、覚醒剤を打ってたらしいよ」

その頃から、ナカタは付き合いのあるフィリピンパブを毎晩のように飲み歩くようになった。偽装結婚斡旋組織の暴力団がやっている店ばかりだ。どの店でも派手に金を使った。

「好きな女の子ができたら高いプレゼントをする。それだけじゃなくて、部屋も借りてあげてた」

ナカタとタカハシはその後「D」を閉め、あらたに「H」を開いた。2014年8月、ミカが「H」を辞めた。その4ヵ月後の12月、「H」は閉店した。原因はナカタとタカハシの喧嘩別れだ。

二人で連れてきた契約ホステスは二人で分けた。ナカタは、自分の契約ホステスと、店長や従業員として働かせていた自分の子分3人を、付き合いのある偽装結婚組織のメンバーの店「L」に送った。その店は暴力団のフロント企業だった。

だがしばらくして、その店の経営者が偽装結婚を斡旋したとして逮捕された。さいわいナカタの契約ホステスたちは摘発を免れたが、「L」は閉店。その後、ナカタの契約ホステスと子分たちは偽装結婚斡旋組織の持つ別の店に移された。

サイトウはほどなくして、日本人の父親とフィリピン人の母親の間に生まれた「新日系フィリピン人」をフィリピンパブで働かせたとして、不法就労助長の容疑で逮捕された。

それからすぐに「L」の元経営者が、「M」という店を新しくオープンした。ナカタの契約ホステスと子分たちは、今度はこの店で働くことになった。「H」で店長を務めていた男性が「M」の店長となった。

不法就労助長の容疑で逮捕されたサイトウは、不起訴処分で栄4丁目に戻ってきた。自分の店を持たないサイトウは、「M」の名義上のオーナーとなり、店の管理をするようになった。ナカタはその店に契約ホステスと子分を派遣していたが、サイトウの復帰に関しては何もいえなかった。

店をなくし、手持ちの契約ホステスが激減したナカタは当然、実入りが少なくなった。

だが一度癖になってしまった金遣いの荒さは、もう止められない。そして暴力団員たちは、金がなくても「いつでもツケでいいよ」といってくれた。ナカタのツケはどんどん増えていく。

金に困ったナカタは、自分の手下である「M」の店長に、店の売上を改ざんさせた。何ヵ月にもわたり、合計900万円を持ち出す。

やがて売上改ざんがバレた。店長は姿を消す。その1ヵ月後、ナカタとコクボ、それともう一人の偽装結婚相手役だったタクシー運転手が姿を消した。

ナカタとの間に契約があったホステスは、ナカタの失踪で、契約が消滅したと思って喜んだ。ところがサイトウが出てきた。

「ナカタの借金が残っている。契約が終わるまではうちの店の契約ホステスとして働いてもらう」

サイトウは彼女たちのパスポートを取り上げてしまった。

偽装結婚斡旋を仕切っている暴力団は、フィリピン女性から金を吸い上げるだけでなく、金のあるナカタのような日本人まで狙っているのだ。はじめは甘い蜜を吸わせ、気づいた頃には骨の髄まで絞られている。

ナカタたちが今どこで何をしているのかはわからない。

第九章　ビザと就職と結婚と

「そろそろ結婚しようよ。ビザが切れちゃう」

2015年8月、仕事から帰ってきたミカが、化粧を落としながらそういった。

ミカのビザの期限はあと3ヵ月。それまでに結婚し、在留資格を更新しなければ、不法滞在になってしまう。しかし僕は、はっきりした返事ができなかった。

ミカと付き合いはじめて4年。結婚してもいい時期だし、僕の結婚の意志に変わりはない。踏んぎれないでいる最大の理由は、定職がないことだった。

ミカはナカタとの契約が終わるとすぐ、僕と結婚するための準備を始めていた。

日本で偽装結婚の解消は済んでいたが、フィリピンではまだだった。カトリックの影響が強いフィリピンでは離婚のための法システムがない。そのため、離婚しようとするといちいち裁判所に婚姻解消の申請をしなければいけないのだ。手続きのためにはフィリピンの弁護士に依頼しなければならないし、1年以上かかることもある。ミカはその費用、70万円を一人で貯め、弁護士に手続きを依頼していた。

２０１５年7月、フィリピンの弁護士から「無事に婚姻解消手続きが完了しました」と連絡があった。ミカは「もう大丈夫。いつでもＯＫだよ」といった。

しかし、僕は大学院の指導教官に無理をいって研究補助のアルバイトに雇ってもらっているが、収入は月に数万円。正直いって結婚は当分無理だと思っていた。

「ミカ。結婚はまだ先でいいと思う。僕に定収入がないんだから。自業自得なんだよ、情けないけど……」

終わりの方は口ごもってしまった。すると、化粧を落としていたミカが振り返って座りなおした。

「なに、それ？　私と結婚したくないの？」

怖い顔。

「違うんだ。僕と結婚してもビザが下りないかもしれないんだよ」

以前、偽装結婚解消のことで相談に行った行政書士に、結婚のことで改めて相談しに行った。ミカと出会った経緯、ミカが偽装結婚していたこと、僕に定職がないことなど、洗いざらいしゃべった。すると、その中年の行政書士は「うーん」と腕を組んで難しい顔をした。

「日本の入管は、フィリピン人女性に配偶者ビザを出すとき、二つのことをチェックします。一つは、あなたとの結婚が偽装結婚ではないかどうか。もう一つは日本で生計を立てられるかどうか。お二人が偽装結婚ではないことはわかりました。それは問題ないでしょう。ただ、あなたの収入が問題です。今のままですと、あなたの収入では生計を立てられない。入管がそう判断し、ビザ発給を押さえる恐れがありますね」

その判断材料として、入管は日本人配偶者、つまり僕の納税証明書、所得証明書、在職証明書を提出させるというのだ。その三つ全部がない。そうすれば、結婚したところでビザが下りない、ということになるかもしれないのだ。

ミカは「あんた、ばかじゃないの！」と真っ赤な顔になった。

「ビザのためだけだったら、いくらでも違う人を選んでる。結婚してもビザが下りなかったら、フィリピンに帰るよ。あなたがまた迎えに来てくれればいいじゃない！」

「お金も関係ない。今はあなたの仕事がないから私が頑張る時なのよ。あなたが仕事を始めたら、私は仕事をやめる。それだけのこと」

ミカはこれまで、僕が働かずにいても文句一つ言わなかった。ホステスの給料からフィリピンの家族に送金し、さらに僕を養ってくれていた。ただ純粋に、僕と結婚したいと思ってくれていた。金もビザも関係ないのだ。ああでもないこうでもないと優柔不断な自分が情けなく思えた。決めた。

「ありがとう、ミカ。結婚しよう！」

両親に報告

その晩、ミカの両親にインターネットのテレビ電話で結婚の挨拶をした。

「ミカと結婚します」

「そうか！　おめでとう」

スマホの画面に映る家族は笑顔で手を振ってくれた。

さて、あとは僕の両親だ。両親はミカとの交際を認めてくれてはいるものの、結婚は別だ。許してくれるのだろうか。僕は両親に話すタイミングを探していた。

翌月、僕は結婚を報告するために実家に帰った。

久しぶりに両親と3人で夕食を食べる。母と父は楽しそうに会話をしている。会話の隙間を見つけ、「ところで僕、ミカと結婚するよ」とさりげなく宣言した。

母はゆっくりと箸を置いた。

「付き合うのはいいけど、結婚は話が違う」

声が低い。

「ミカがフィリピン人だから反対するの？　偽装結婚してフィリピンパブで働いていたから反対するの？」

すると、意外な答が返ってきた。

「違う。あんたがまだしっかりしてないからよ。結婚よりも先にすることがあるでしょ！　まず就職しなさい！」

そうか、母はミカと結婚することに反対しているわけではないのだ。ちょっぴりほっとしたが、就職は難題だった。僕はうつむき、小さな声になった。

「それはわかってる。でももう時間がないんだ。ミカのビザが切れちゃう」

「ビザのために結婚するの⁉」

ミカと同じ論理で、びしびし攻めてくる。職もないのに結婚するなんて、母にしたら許せないのだろう。しかし、いま結婚しなければ僕たちは離れ離れになってしまう。

僕は母の目を見ながら、何も言えずに黙りこんだ。しばらくすると、母は大きなため息をついて口を開いた。

「もう、ほんとにあんたは……私が今とやかくいっても、就職がどうにかなるものじゃないし。やってみないとわからないかもね。ただいっとくけど、後悔だけはしないこと」

黙ってテレビを見ていた父が、僕を見た。

「いいか。お前の結婚は普通の結婚じゃないんだぞ。これから先は大変だ。それを覚悟しているなら結婚すればいい」

それだけ言ってまたテレビの方を向いた。重く、気まずい空気が流れる。

すると、突然母が尋ねた。

「それで、結婚はいつするの？　結婚式はやるの？　やるときはウエディングドレス？　それとも着物？」

顔が笑っている。父も加わってきた。

「おれはあんまりフィリピン料理が好きじゃないぞ」

母がまぜかえす。

「ミカちゃんはあんたのために料理つくるんじゃないのよ」

僕は椅子から立ちあがった。両親に改めて頭を下げ、「ありがとう」といった。

婚姻届

2015年10月。僕とミカは、行政書士の付き添いで、市役所に婚姻届を出した。日本人同士の結婚とは違い、いろんな書類が必要だ。フィリピンからミカの出生証明書、婚姻要件具備証明書というフィリピンでも結婚できる条件を満たしていることを証明する独身証明書のようなもの（こんなものがあるなんて初めて知った）を取り寄せ、それに行政書士が日本語訳を添えて提出した。ミカがパスポートを提示して、婚姻届を提出した。あちこちに二人でサインをいっぱいした。こうして僕たちは夫婦となった。

役所の中で、僕はミカの指に結婚指輪をはめた。一昨日、あわてて近所のイオンに行き、アクセサリーショップでプラチナの指輪を買った。二つで5万円。僕が払った。というか、全く金がなかったので、クレジットカード4回払いでやっと買ったものだ。

ミカは左手の薬指をじっと見てニコニコしている。すごく嬉しそうだ。でも僕は気が重かった。これからの生活はどうなるのだろう。ミカが僕の顔をのぞき、「なんで元気ないの？」という。

「これからどうなるのかなって思って。ビザが取れるかどうかもわからないし、仕事も探さないといけない。不安ばかりだよ」

「大丈夫。なんとかなるよ。今までも何とかなったでしょ。あなたにはいつも私がいるから心配しないで」

その日の夜、僕の家族と焼肉店に行った。ささやかな結婚祝いだ。仕事を早く切り上げて帰ってきた父が、「二人の門出を祝って、乾杯！」とグラスを差し上げた。

「二人とも結婚おめでとう。これからミカさんは私たちの家族の一員になったんだからね。よろしくお願いします」とミカに握手をする。

ミカとの結婚を知った友人たちから、お祝いメールがつぎつぎ届いた。

「おめでとう。これからも幸せに。二人を見ていると羨ましいよ」

僕がミカと交際したばかりの時は反対していた友人も、今ではみんな祝福してくれる。

大学院の教官からもメールが来た。

「よかったわね。おめでとう。これから二人で頑張りなさいよ。あなたも早くしっかり自立しなさい！」

現場労働者として働く

ミカと結婚してからも、僕の月収は大学の研究補助のアルバイトの数万円だけだ。いくら姉のメイの家に居候させてもらっているからといっても、これではまずい。そう考えていた時、電気工事の会社に勤めている高校時代の友人から電話があった。

「恵那山トンネルの改修工事をしているんだけど、人手が足りないから手伝いに来ないか」

恵那山トンネルは、中央自動車道の長野県と岐阜県の間にある、全長8キロ半、道路では日本で5番目に長いトンネルだ。その改修現場の土木作業で、通いで日当1万円だという。

「1日1万円？　やるやる！」

結婚して10日目から現場仕事は始まった。朝6時に家を出て、建設会社まで行く。バイクで30分。そこから会社のハイエースに他の作業員と乗り合い、1時間かけて約70キロ離れた岐阜県中津川市の現場事務所に行く。

工事は、トンネル内のケーブルラックという電線架けに電線を引っ張り上げる仕事だった。クレーンが伸びる高所作業車に乗り、地上から約5メートルの高さまで上がる。ドラムに巻かれた電線を下から引っ張り上げ、ケーブルラックにひっかける。電線は太く、一仕事終わると腕の筋肉がパンパンになった。

11月の中津川は寒い。そしてトンネルの中は暗い。排気ガスが臭く、大きなトラックが通ると風であおられて怖い。そんな作業が1ヵ月以上つづいた。

初めての現場肉体労働。素人に、初めからきちんと仕事ができるわけがない。職人さんにいわれて道具を取りに行ったり、簡単なネジまわしをしたり、ようするに下働きだが、そんなことでもうまくいかない。

「お前、ネジも回せんのか！」

「おれはそんなもの持ってこいっていったんじゃねぇ！」

年配の職人さんたちに怒られ「はい！」「すいません！」といいながら、クビにならないように必死で仕事をした。

12月、トンネルの仕事中に行政書士から電話がかかってきた。

「ビザがおりました」

僕はすぐにミカに電話をかけた。

「もしもし。ビザ取れたよ！」

「本当？　よかった！」

家に帰ってから二人で抱き合った。僕たちは日本で生活を続けられるのだ。

行政書士に言われた、入管にビザを申請する際に必要な書類は、ミカが揃えるものは「パスポート、在留カード、顔写真、在職証明書、給与明細」、僕の側は「住民票、戸籍謄本、在職証明書、所得証明書、納税証明書、実家の建物謄本、二人の写っている写真3枚」だった。

26歳で親の扶養に入っている僕は、課税額が0円と書かれた納税証明書と非課税証明書を出した。在職証明書と所得証明書は、指導教官に在職証明書を書いてもらい、手書きの出勤簿を所得証明書の代わりとして提出した。

スナップ写真は、僕の実家の庭でミカが着物を着て僕と写っている写真、フィリピンに帰った際にレストランで二人で撮った写真、フィリピンの家族全員と撮った写真の3枚だ。

住所も親との同居にした。こうすれば僕の両親から援助を受けながら日本で生活していけると判断されるだろう、という行政書士のアドバイスだった。

こうしてミカは無事にビザを取得することができた。

ビザが取れてからも、僕は早朝から仕事、ミカは夜から仕事。新婚だというのに、全く顔を合わせることがない。

恵那山トンネルの職人さんたちは、僕が新婚だと知ると笑いながらからかった。

「兄ちゃん、たまには家に帰らんと、おれみたいにカミさんに逃げられちまうぞ」

それでも、僕は懸命だった。年が明けたらフィリピンに行くのだ。ミカの家族に、結婚の挨拶をしにいかなければ。そのための旅費がいる。

2ヵ月後、40万円ちょっとが振り込まれた。そのうちの30万円で、10年落ちの軽自動車を買った。これは生活上どうしても必要だったからだ。それでもフィリピン行きの十数万円が手元に残った。

FAMILY TOGETHER

2016年1月1日午前7時30分。僕とミカは中部国際空港にいた。チケット代は二人で11万円。航空券は僕が恵那山トンネルで稼いだ金だ。

ミカが前回フィリピンに帰ったのは2013年3月。僕がはじめてミカの家に行った時だ。だからミカにとって久しぶりの帰国。すごく嬉しそうだ。

今回は、ブランド物の時計やバッグを買う余裕なんてなかった。この頃、ミカの異母兄弟の学費や、ミカの母親の「彼氏」(!)の借金まで無心されたからだ。姉のメイは妊娠中で収入がなく、それらはミカ一人の肩にのしかかっていた。

僕は12月30日まで毎日のように仕事をして、ミカは大晦日を通り過ぎて元日の午前3時まで働いた。持っていく金は20万円。それはミカが用意した。これで僕らの通帳の残高は2万円となった。午前9時30分、フィリピン航空機で飛び立った。

マニラの空港には、父と次女が迎えに来ていた。笑顔でミカと抱き合う。空港から外に出ると、父は白い5人乗りのSUV車に乗ってきた。「HAIMA」とあり、中国製の新車だ。ミカは「先月買ったばかりだよ」といった。

「ローンは5年。メイ姉さんと私で合わせて毎月5万円払ってるの」

毎月5万円の5年ローン。単純に計算するとこの車は300万円だ。僕は寒い冬のトンネルで必死に働いて10年落ちの中古の軽自動車を30万円で買ったのに、ミカの父親は日本にいる娘から300万円もする車を買ってもらっていたのだ。毎月8万円の送金と、それとは別に5万円の車のローン、合計13万円……。

その夜、僕らはミカの父方の祖母の家に行った。サンフェルナンド市の隣にあるグアグア市。祖母はまだ元気だ。元日の夜、親戚一同が集まりパーティーをやるのだという。祖母の家はコンクリート製の平屋づくりで部屋が5部屋ある。

家の前にはバーベキューの準備がしてあった。豚の煮物アドボ、春雨焼きそばのパンシットなどが並び、氷いっぱいのバケツにはビールが冷やされている。

親族が集まってきた。みんな、胸に「FAMILY TOGETHER」と描かれた青色のTシャツを着ている。フィリピンでは正月にこうして親戚一同が同じTシャツを着て集まる習慣があるのだという。僕たちにもTシャツが渡された。

家の中からミカの祖母が出てきた。白髪。背が低く、腰が曲がっている。80歳だという。

「よく来たね。結婚したんだってね。おめでとう」

祖母は皺だらけの手で、僕とミカの手を握った。この人はかつてミカたち姉妹と母をいじめ抜いた人だ。あとでミカに、嫌じゃないのかとこっそり訊いたら、

「過ぎたことだから気にしないようにしている。でも、心の中では、本当は嫌だよ」

と言っていた。

周りの親戚たちが「おめでとう」と声をかけてくれる。マイクを渡された。

「初めまして。ミカと結婚しました。これからよろしくお願いします」

タガログ語で挨拶をすると、大きな拍手が起きた。

フィリピンの正月はみんなでゲームをする。椅子取りゲームやカラオケなど。勝った人には賞金が出る。僕もゲームに参加したが、結果はさんざんだった。

午後11時、パーティーも終盤になってきたころ、ミカが僕の手にフィリピンペソの札束を渡してきた。

「これ、みんなへのお年玉」

それを待っていたかのように、親戚たちが僕の前に一列に並んだ。赤ん坊からお年寄りまで、50人はいる。みんな目を輝かせている。列は家の敷地をはみ出して道路にまで伸びていた。1人に200ペソずつ渡した。約500円。子どもも、大人も。50人以上で、2万5千円。

深夜1時、疲れ切った僕は父親の車で、サンフェルナンド市の自宅へと戻った。

翌朝起きると、家には母方の親戚たちがきていた。ミカは財布の中から親戚たちに金を配る。

「ちょっとお金使いすぎじゃない？」

「しょうがないよ、久しぶりだから。これだけあげればもう来ないよ」

僕はため息をついた。

その夜、金のことが心配になった。ミカにいくら残っているかを聞くと、

「あと5万円」

「持ってきたのは20万円だよね。2日間で15万円も使ったの？」

「だって、食べ物代、電気代、水道代。それにお父さんお母さんに小遣い2万円ずつ。お姉さんとおばあちゃんに1万円ずつ。あとは昨夜と今朝の親戚の分」

日本を出る前、今回は節約しようとミカに何度も話しておいた。にもかかわらず、たった2日で15万円が消えた。

「どうするの？　お金足りるの？」

「大丈夫。もうお金使うことないから」

ミカはそういうと、ふてくされたようにベッドに横になった。

翌朝、いつものように母が僕らの寝室に入ってきた。「市場に行くからお金ちょうだい」子どもたちも入ってくる。「ショッピングモールに行きたい」行けばおもちゃやお

菓子、そしてレストラン。5万円は、あっという間になくなった。

実はこの時、ミカに内緒で5万円を持ってきていた。学生時代のマニラ旅行で知り合った友人たちに会いに行くための費用だ。仕方なく、それをミカに渡した。

翌日からはどこにも行かない日が続いた。家を出れば金がかかる。朝起きて、朝食を食べて、昼寝をし、昼食を食べ、DVDを見て、昼寝をして、ゲームをして……。子どもたちが学校から帰ってくると一緒に遊び、夕食を食べ、早く寝る。

帰国3日前。僕が渡した5万円も底をついた。湯水のように金を使いまくるミカの家族に、僕は疲れはててしまった。

そんな朝、次女が寝室に入ってきた。

「息子が歯医者に行きたいっていってる。歯医者代ちょうだい」

もう金はない。日本に帰ってもミカの次の給料日までたった2万円で過ごさないといけないし、仕事を休んだ今月のミカの給料は安い。

「ごめん、払えないよ」とミカがいう。とたんに次女の表情が変わった。

「なんで払えないの？　私たち家族が病気になっているというのに、助けてくれないの？　私は誰に助けを求めればいいの？」

すごい剣幕で怒鳴り散らすと、ドアをバシャンと閉めて出て行った。

母親がやってくる。「もうお金ないの？」僕が「もうないよ」というと、たちまち不機嫌になった。

部屋ではミカが泣いていた。

「今まで頑張って家族のために働いていたのに、どうしてこんなにまで言われないといけないの？」

毎月欠かさず送金した。

自分の生活よりもフィリピンへの送金を優先した。

それなのに、本当に金がないというのに、人でなしのようにいわれる。

自分たちだって、帰国してからどうやって生活しようかと悩んでいるのに。

ミカと結婚すると決めたとき、送金のことは覚悟していた。しかし、フィリピンの家族のすさまじい金の要求を目の当たりにすると、これからどうすればいいのか不安になってしまった。

その夜、僕はカイル君に電話した。初めてフィリピンを訪れたときにホームステイした家の友だちだ。いまカイル君はアラブ首長国連邦のドバイの病院で看護師として働いている。

「今フィリピンに来ているんだ。ミカの家族がどれだけ金を送っても、すぐに使って要求する。どうすればいいんだろう」

「どこの家族も同じだよ。フィリピンの家族は、僕たちが金持ちの国でたくさん稼いでいると思ってるから、いくらでも金を送ってもらえると思っている。そうじゃないなんて、いくら説明しても無理だよ」

カイル君のドバイでの給料は月30万円。フィリピンでの給料は3万円だったから、10倍も違う。もちろん家族に仕送りもする。8万円プラス妹の学費。それでも母から、頻繁に送金の催促がある。

フィリピンでは国民の1割が海外に出稼ぎに出ている。そして彼らから送られてくる外貨送金がフィリピンの消費を生み出し、経済を支えているのだ。ミカの家族のように、送金だけで生活しているというのは、一家族の問題ではない。国全体の問題なのだ。それは分かっている。分かってはいても、受け入れることは難しい。

翌朝、居間に下りた。すると不思議なことが起きていた。あれほど怒っていた母親も次女も機嫌がいいのだ。母親は僕の大好きな魚の丸揚げを用意してくれていた。次女も僕が食べている横で、マンゴーを切ってくれる。

ミカの母は僕の肩に手を置いて「あなたの両親にはいつ会えるかしら」と笑顔だ。

ミカはそんな家族のことを見て嬉しそうな顔になった。

「ほら、家族はそんなにお金のことばかりじゃないよ。ただ自分の生活のこと心配してるだけ。だってお金なかったら生活できないでしょ」

確かにミカの家族は、金のことばかり考えているのではないようだった。金のない僕と結婚する時も反対しなかったし、ミカの家族から直接金をせびられたことなんて一度もない。

「家族はなんでも言いたいことをいう。日本人みたいに我慢しないよ」

日本人同士なら親子、兄弟でも遠慮して言いたいことを言えない家族の方が多いのではないだろうか。でもフィリピンでは遠慮なんてない。家族だからこそ、遠慮せずに求めるし、いいたいことをいう。それがフィリピンの家族の固い絆ということなのかもしれない。

フィリピンにはフィリピンの家族観がある。僕の家族観だけを押し付けてはいけない。僕自身、ミカから援助を受けている身なのだ。

その夜遅く、目が覚めた。水を飲みにリビングに降りて行くと、次女がいた。僕は次女の隣に座ってタガログ語で話しかけた。

「少し話があるんだけどいいかな」

「いいよ。なに？」

「フィリピン人と結婚した日本人の中には、自分の奥さんがフィリピンに送金することを受け入れられない人が多いんだ。僕はミカが家族に送金することを受け入れて結婚した。だけど毎月10万円以上送って、それでも足りないって言われると、いくらなんでもひどいと思うこともある。僕だってミカの家族を大事にしたい。でも、いくらでも金があると思われるのは困るんだ。僕たちも日本で生活がある」

「そうだよね。でもフィリピンは日本と違って本当に貧しいの。食べ物の値段だって上がっている。本当は私だって働きたい。いつまでも姉妹にお金を頼っていてばかりでは恥ずかしいよ。でもフィリピンでは給料が安い。子どもの学費すら払えない。だから頼るしかないの。生きていくため、生活するために、今はあなたたちに頼るしかない。私だってチャンスがあれば外国に出稼ぎに行きたい」

次女は真剣な顔だ。姉妹に頼っていることを恥じているようにも見える。僕のモヤモヤした気持は少しおさまった。

「フィリピンへの毎月の送金を簡単に受け入れることはできない。でも僕もフィリピンの家族のことが好きだし、助けられるなら助けたい。だからお互いのことを理解しあって、できることをしよう」

そう言って僕は次女と握手をした。

本妻とミカの母親の家を行ったり来たりしている父親も、洗車場の仕事は休みもとらずに一生懸命頑張っている。従業員の生活の心配をする姿は根っからの悪人ではない。だが本妻の息子の学費70万円まで要求された時には、姉のメイは激怒していた。ミカは「そんなこと、私は言えない」と金を出したのだが。同じフィリピン人家族の間でも温度差はある。そもそも、ミカの母親が今付き合っている「彼氏」の借金まで払う必要があったのか。どこからどこまでが家族なのか、月の仕送り額の最低ラインは幾らなのか、それ以外はどんな金なら出すのか、そうしたルール作りが必要だと思った。

現在

こうして2週間のフィリピン訪問を終えた。

２０１６年の春、恵那山トンネルの工事が終わった。その後は、別の現場労働の口を探したり、友達の家族が経営している町工場のアルバイトでなんとか生活している。収入は多い時で十数万円に過ぎない。ミカは月に30万円ほど稼ぐ。しかしそのうち、送金は毎月13万円。それに次女の子どもの学費、親戚の子どもの学費、母の病院代など急な出費もある。そしてフィリピンの家族だけではなく、夫の僕も養っているのだ。

僕はいまだに居候の身だ。ミカの姉メイ、タダさん、子ども３人に、ミカと僕。子どもたちの面倒を僕が見る。姉夫婦が金銭的に困っていればミカが助ける。もちろん僕たちも、姉夫婦から助けてもらうこともある。

僕は大学院に進学するときに、フィリピンとなんらかの形でつながりたいという夢を持っていた。それも少しずつ形になっている。フィリピンの「DAWN」というＮＧＯ活動だ。

DAWNはフィリピンで、日本に出稼ぎに出ていた女性と、日本人男性との間に生まれた子どもを支援している。子どもたちの中には日本人の父親と連絡が取れずに経済的、精神的に困窮しているケースも多い。こうした子どもたちが抱える問題を広く伝えるために、毎年、子ども劇団を結成し、日本の各地を巡回公演しているが、それを日本側で受け入れる活動を手伝っている。毎年5月に愛知県で公演があり、それを担当して6年になる。NGOのみんなは僕がミカと結婚していることを知っている。今ではミカも劇団の通訳などのボランティアをしている。

フィリピンは2016年になって、ドゥテルテ大統領が就任して以来、揺れている。麻薬犯罪にかかわっていると疑われた人が、裁判を経ないまま、当局や民間自警団に射殺される事件が相次ぎ、犠牲者は5900人超とも言われている。だが、ミカの親戚の麻薬の売人に「怖くない?」ときいたら「それでもドゥテルテを支持する」と言う。「もう俺は覚せい剤をやめるから怖くない」と言っているが、その約束は守られるかはわからない。イスラム原理主義のテロが相次ぎ、フィリピンで最も貧しいと言われたミンダナオで、治安回復の実績があるドゥテルテを支持するのは貧困層で、それは皮肉にも麻薬にかかわる層とリンクする。

余談だが、ミカのフィリピンの元恋人は軍人で、任務でそのミンダナオに派遣されていた時、酒場のもめ事で亡くなったときいた。ピストルで頭を一発撃ち抜かれた。即死だった。あまりにフィリピン的な話だ。

現在、ミカの家族との関係はいい。ミカがインターネットのスカイプ電話をするときには必ず僕も参加する。

ミカはしょっちゅう僕の実家に行き、両親と話をして楽しそうだ。僕たちの今の夢は、いつかフィリピンで結婚式を挙げることだ。

「結婚式は着物を着ていくからね」と僕の母は今から意気込んでいる。

解説的なあとがき

松本仁一（ジャーナリスト、元朝日新聞記者、編集委員）

著者の中島弘象君と私が知り合ったのは2013年11月、「ピースボート」船上でだった。

「ピースボート」は、3ヵ月半かけて世界を一周する客船クルーズだ。船内では、英会話教室やダンス教室、国際問題の講座などさまざまな企画があり、私はその船内講座の講師として乗船していた。その時のコースは〈横浜―シンガポール―マダガスカル―南アフリカ―アルゼンチン―チリ―パプアニューギニア―横浜〉という、南半球を主として航行する「南回り航路」。私は横浜から乗船し、南アフリカに着くまでの約1ヵ月、アフリカをテーマに食べ物や政治、子ども兵などについて10回ほどの講座を担当した。

講師の私にはそのとき、約10人の「パートナー」が付いた。パートナーというのは、乗客から募集したボランティア・サポーターのことだ。講座のポスターをつくったり、講座の司会をしたり、船内新聞に予告記事を書いたりする。そのパートナーの1人が中島君だった。彼は「ぼく、24歳です」と自己紹介した。

船の10階後部デッキには居酒屋がある。「波へい」という名前で、冷奴やギョウザがあり、波音を聞きながら夜遅くまで酒を飲んでいられる。講座が終わると、私はパートナーの人たちと「波へい」に集合し、ビールと焼酎で反省会をするのがつねだった。わいわいがやがややっていた何かの拍子に、中島君が「ぼくの彼女、フィリピンホステスなんです」といいだした。

「なんだ、君はヒモをやっているのかい」とひやかすと、「まあ、そんなものです」と照れ臭そうにいう。そのあとで「でも、彼女と結婚するつもりです」と付け加えた。

一気に酔いがさめた。そうした世界のことを、この24歳の青年はどこまで知っているのか。それが分かっていて結婚するのか。

事情聴取みたいにつぎつぎと質問を浴びせた。かなり突っ込んだ質問もあったが、彼はまじめに答えた。その中で、「この間、彼女のビザの問題で閉店後の店に呼び出され、暴力団系の経営者とかなり激しくやりあいました」という話が飛び出してきた。やりあった状況を詳しく聞いているうち、これは本になると確信した。大学院まで進んだ学生が、フィリピンホステスと結婚する。それだけでも異例のことだ。その彼女のために、もしかしたらボコボコにされるかもしれない状況の中にみずから飛びこんでいった。その経緯は絶対に面白いはずだ。

彼がそこまで惚れ込んだ彼女はどんな女性なのか。自分の親は反対しなかったのか。相手の親はどんな人たちなのか……。そうしたことも加えてまとめれば、魅力のあるルポになる。「とにかく原稿を書いてみないか。それを私あて送ってくれ。どこか出版社を探してみよう」彼にそう約束した。

下船して半年ぐらいしてから、メールで少しずつ原稿が届き始めた。就活に失敗した彼はその後、岐阜県の恵那山トンネルの工事現場で肉体労働のバイトを始めた。その合間にも原稿が届いた。疲れて眠い目をこすりながら、パソコンをたたいた原稿だ。知り合ったきっかけ。恋愛関係になった経緯。自分の親の説得。相手の家族の様子——。

しかし初期の原稿はどうも、修士論文みたいに無味乾燥で、頂けないものだった。これまでルポなんか書いたことはないのだから無理はない。とはいえ、これではとても読者に読んでもらえそうになかった。しかし私は、そこに書かれた一切が、彼が身をもって経験したことばかりであることを知っている。何月何日、どこで、どうやって……。彼はすべてを体で経験しているのだ。彼のポケットには宝の山が入っている。その詳細な事実を引き出せれば、面白いものになることは間違いない。

そこで私は、彼の原稿の編集デスクを買って出た。新聞社を退職して何年にもなるが、昔取ったる杵柄だ。

「参考文献から引用？　そんなものより、君が経験した事実を書け！」

「それはいつのことだ。もっと詳しく、あったままに！」

「もういちど警察署に行って聞いてこいよ！」

恵那山トンネルの現場で疲れ果てているだろうに、彼は私の要求によく応えた。そんなやり取りの結果、できあがったのがこの本だ。

法務省入国管理局の調べによると、２０１５年６月現在、中・長期で日本に滞在しているフィリピン人は22万４０４８人だという。在留するすべての外国人数が２１７万２８９２人だから、フィリピン人は１割以上になるということだ。そのうち在留資格を持つフィリピン人は11万８１３２人に上る。その75％が女性である。日本にやってくるフィリピン人は、風俗関係で働こうという女性が圧倒的に多い。日本政府はこれを規制するため、音楽やダンスを特技とする「興行ビザ」の発行に制限をかけた。しかし、それでフィリピン側の出稼ぎ圧が変わることはなかった。裏をかくように、偽パスポートや偽装結婚での違法入国が増える。著者と結婚することになるミカさんも、日本人男性との偽装結婚によるビザで入国したのである。

フィリピンのドゥテルテ政権は16年8月、「日本への違法渡航は、人身売買などの危険をともなう」とする異例の警告を発した。それほど、そうしたケースは多いのだ。その偽装結婚や違法入国の実際が、本書では単なる統計数字ではなく、生々しい事実として展開していく。

出稼ぎ女性たちの多くが、偽装結婚の解消後、別の日本人男性と結婚する。これで晴れて在留資格が手に入る。しかしそれでハッピーエンドではない。家庭を持ち、子どもが生まれてから、別の苦労が始まる。本文中にも出てくるが、子育ての壁だ。

彼女たちは日本の教育システムを十分に理解できていない。日本語が十分ではなく、読めないもののさえいる。そのため学校からの通知や連絡もよく分からない。日本人の夫は忙しく、子育ては女親に押し付けっぱなしだ。落ちこぼれていく子たちは多い。母親がフィリピン人の家庭で、子どもの高校進学率は3〜4割だという調査もある。

フィリピン・ハーフの子に対するいじめもある。元AKB48の秋元才加、ものまねタレントのざわちん、大相撲の高安はみなフィリピン人の母親を持つが、小学生時代はかなりいじめられた者もいるという。

この本は、そうした《日本＝フィリピン》関係の裏面を掘り下げた社会学である。同時に国際関係学であり、文化人類学だ。それも、単なる統計や理論ではない。フィリピンパブで働く女性と話し、付き合い、目で見て体で感じたレポートなのである。

ミカさんと結婚するまでの著者の悪戦苦闘ぶりは本書にあるとおりだ。しかし、本当の苦労は、子どもが生まれるこれからだということを、二人は覚悟しなければなるまい。そしてさらなる問題はミカさんのフィリピンの家族のことだ。フィリピンでは、日本人はすべて金持ちとみなされる。いくら金を無心してもいい存在なのだ。これからもミカさんは仕送りを続けなければならないし、二人が稼いだ収入の多くが、ブラックホールのように吸い込まれていかないとはかぎらない。こうなると二人の前には文化の違いの問題、貧富の格差の問題が立ちはだかることになる。それにどう対処していくか。

二人の結婚後、名古屋で中島君、ミカさん夫妻に会い、三人で食事した。ミカさんは明るい性格で、賢い人だった。結婚してから、自動車部品製造の下請け工場にパートで勤めはじめた。パブの仕事をだんだん昼の仕事にシフトし、結婚生活を健全なものにしようと思ったからだという。「きついけど、昼の仕事の方が気分的にいいです」と彼女は笑った。

なお、ナカタやサイトウ、コクボらフィリピンパブや偽装結婚の関係者は仮名とした。彼らには彼らの世界があるから本名は出さない方がいい、という筆者・中島君の意向によるものである。

最後に、二人の経験を貴重なものとして評価し、出版を引き受けてくれた新潮新書編集部の松倉裕子さんに、中島君になりかわり、心から感謝したい。

中島弘象　1989（平成元）年、愛知県春日井市生まれ。中部大学大学院修了（国際関係学専攻）。在学中から、経済的に恵まれない日比国際児たちの支援活動にかかわっている。

Ⓢ新潮新書

704

フィリピンパブ嬢《じょう》の社会学《しゃかいがく》

著　者　中《なか》島《しま》弘象《こうしょう》

2017年2月20日　発行

発行者　佐　藤　隆　信

発行所　株式会社新潮社

〒162-8711　東京都新宿区矢来町71番地
編集部(03)3266-5430　読者係(03)3266-5111
http://www.shinchosha.co.jp

印刷所　株式会社光邦

製本所　憲専堂製本株式会社

ISBN978-4-10-610704-7　C0236

価格はカバーに表示してあります。